세우시는 하나님
흔드시는 하나님

팬데믹 이후, 인생 재편의 시작

흔드시는 하나님 세우시는 하나님

초판 1쇄 발행 2021년 3월 2일
초판 2쇄 발행 2021년 4월 6일

지은이 박종렬

발행인 백유미 조영석
발행처 (주)라온아시아
주소 서울특별시 서초구 효령로 34길 4, 프린스효령빌딩 5F

등록 2016년 7월 5일 제 2016-000141호
전화 070-7600-8230   **팩스** 070-4754-2473

값 13,800원
ISBN 979-11-91283-21-1 (03230)

passover 는 독자 여러분의 소중한 원고를 기다리고 있습니다. (raonbook@raonasia.co.kr)

세우시는 하나님
흔드시는 하나님

박종렬 지음

passover

인생의 패러다임이
달라지는 때

C. S. 루이스의 『스크루테이프의 편지』를 보면 노련한 고참 악마 스크루테이프가 아직 어설픈 풋내기인 조카 악마에게 이런 충고를 합니다. "열심히 사는 자들에게는 함부로 고통을 주어선 안 된다. 고통을 당하는 순간, 녀석들은 자기 삶을 돌아보게 되거든. 우리는 그저 고통 없이 열심히 살게 하다가 저놈들을 한방에 날려 보내야 해."

인간은 누구도 고통을 좋아하지 않습니다. 잠깐 고난을 겪더라도 언제쯤 이 고통에서 벗어날까 호시탐탐 기회를 노립니다. 그러나 하나님의 사람에게 고통은 실로 은총의 통로입니다. 고통을 통해 자기를 제대로 알게 될 뿐만 아니라, 지금까지의 삶의 태도와 마음가짐을 바꾸고 '위대한 전환점' 앞에 설 수 있기 때문입니다. 진짜 고난을 만나면 그동안 정도에 지나치게 소중히 여겼던 것들, 소홀히 했던 것들이 비로소 제자리를 찾기 시작하고, 우리는 제정신으로 돌아옵니다.

고난을 겪으면서 스스로 삶을 통제할 수 있다는 망상을 포기하게 되며, 그제야 비로소 하나님의 은혜가 채워질 준비가 끝납니다. 그래서 모든 인간에게, 특히 하나님의 사람에게 고난은 영적 성숙을 위한 필수 코스입니다. 고난을 통과하지 않고도 하나님 앞에서 제대로 쓰임받은 사람은 없습니다.

물론 고난을 어떻게 해석하고 받아들이느냐 하는 문제는 여전히 우리 마음을 힘들게 합니다. 하지만 우리는 고통 속에서도 문제 자체와 씨름하기보다 하나님의 은혜를 구할 줄 알아야 합니다. 고통을 만났을 때 외면적인 고통 해결에만 관심을 둔다면 우리는 고난은 고난대로 당하면서도 거기에서 어떠한 유익도 누리지 못하기 때문입니다.

다윗은 끝없는 고통과 고난을 만나면서도 먼저 하나님께 피하고 그분이 주실 충만한 기쁨을 붙들었습니다. 복음 증거라는 사명을 감당하면서도 사도 바울이 헤쳐나가야 했던 시련은 말로 할 수 없었습니다. 하지만 그는 모든 고난을 자기 안에 계신 그리스도와 하나 되는 기회로 삼았습니다. 그러면서 오히려 고통하는 인생을 위로하는 사람이 됩니다. 이렇듯 하나님께 제대로 위로받은 사람만이 다른 사람과 세상을 위로할 수 있습니

다. 평강의 하나님을 만난 사람만이 그 평강의 하나님을 전할
수 있습니다.

큰 고난 뒤에는 반드시 역사적 전환이 찾아옵니다

우리 모두 전혀 예상하지 못했던 일이 일어났습니다. 그것도
압도적이고 지속적이며 전 지구적인 고난의 때를 건너는 중입
니다. 마치 요셉이 예언했던 그런 가뭄의 때와 같습니다.

하나님은 이전부터 우리 삶에 변화를 요청하셨습니다. 하지
만 완악한 인생들은 참된 믿음을 저버리고, 자신을 지탱해줄 것
같은 우상들을 쫓았고, 세상이 주는 안정감과 가치에 더 의지했
습니다. 하나님은 인내하며 이런 우리가 변화되길 기다리셨습
니다. 그러나 인간은 회개하지 않았고, 자기 의지대로 철옹성
을 쌓았습니다. 그리고 경고는 현실이 되었습니다.

비유하자면 자동차에 심각한 경고등이 뜬 것입니다. 당장 차
를 세우고 무엇이 문제인지 진단을 받아야 할 처지가 되었습니
다. 문제가 심각하다면 아무리 시간이 걸리더라도 그 경고등을

살피고 해결한 다음에 다시 운전해야 합니다.

하나님은 잘나가던(?) 우리 인생길에도 브레이크를 밟게 하셨습니다. 이제 잠잠히 하나님께 자신을 맡길 시간입니다. 우리 모두 새롭게 정비되어야 할 시간입니다. 회개라는 강력한 은혜의 도구를 사용해 영혼과 마음 곳곳에 낀 불순물을 제거하고 새로워질 때 비로소 하나님과 함께 걷는 믿음의 세계가 열리기 시작합니다.

이 시기를 잘 보낸다면 우리는 모두 강력한 믿음의 사람으로 성장할 것입니다. 하나님의 움직임을 발견하고, 이제 하나님의 진노가 아니라 미소를 확인할 수 있습니다. 새로워진 당신의 백성을 통해 하나님은 새 시대에 영적인 부흥의 물꼬를 여실 것입니다. 돌아보면 역사적으로 이러한 큰 고난 뒤에는 반드시 문명의 전환이 일어났습니다. 변화를 요구하시고, 이 변화를 가능하게 하시는 분은 하나님입니다.

현재로선 하나님의 계획을 다 알 수 없습니다. 우리는 그저 잠잠히 그분의 일하심을 인정하고 순종할 뿐입니다.

누룩과 하나님 나라

우리는 지금 이 시대를 어떻게 보고 있습니까? "인간의 탐욕과 교만을 징계하시는 재앙인가, 아니면 새로운 부흥을 위한 영적 재정비의 시간인가?" 전자와 같이 생각한다면 하나님의 오래 참으심이 끝난 세상에서 우리는 더욱 불안하고 혼란스러울 수밖에 없습니다. 하지만 후자와 같다면 지금까지 달려온 길을 돌아보고 종말의 때에 새 일을 행하시는 하나님을 기대할 수 있습니다.

성경은 "팽창하다"라는 개념을 표현하기 위해 누룩이라는 이미지를 사용합니다. 신기하게도 한 가지 이미지에 긍정적인 의미와 부정적인 의미가 함께 들어 있습니다. 알다시피 누룩은 아주 적은 양으로도 크게 부풀어 오르게 합니다. 누룩이 들어가면 적은 가루가 커다란 빵이 됩니다.

영적으로 부패했거나 부패하게 하는 영향력을, 성경은 '묵은 누룩'이라 부릅니다. 이는 바리새인의 외식, 사두개인의 무지, 헤롯의 욕망 등을 통칭했습니다. 그러므로 현 상황을 '죄의 팽

창' 관점에서 본다면 우리가 할 수 있는 일은 별로 없습니다. 이미 죄악의 관영함이 꽉 찼으니 이제 하나님의 진노만 남았기 때문입니다.

그러나 다른 한편으로 예수님은 천국을 비유할 때도 누룩을 예로 드셨습니다(마 13:33). 소수라도 얼마든지 큰일을 할 수 있다는 의미로 쓰신 것입니다. "그 작은 자가 천 명을 이루겠고 그 약한 자가 강국을 이룰 것이라 때가 되면 나 여호와가 속히 이루리라"(사 60:22). 이렇게 작은 자, 약한 자가 강한 존재가 된다는 의미로도 사용됩니다. 이 책을 읽으며 하나님의 관점에 눈을 뜰 수 있기를 바랍니다.

팬데믹과 부흥 코드

솔직히 말하면, 이 책은 저의 개인적인 위기감에서 시작했습니다. 처음에는 교회에 주신 목회 철학이 현장에서 완전히 자리를 잡기 전에, 즉 꽃을 피우기도 전에 사라질 것 같은 두려움이 컸습니다. 그런데 2020년 내내 '21시 기도회'를 진행하면서 하나님이 팬데믹을 주신 이유를 좀 더 곰곰이 묵상하게 되었습니다. 이런 유례없는 한계 상황을 주신 것에 대해 기도하기 시작하면서 받은 영감들을 글로 옮기기 시작했습니다.

이 팬데믹을 통해서 하나님이 우리에게 주시려는 것을 살폈더니, 교회사적으로 봐도 사회와 역사적인 관점으로 보더라도 시대적 위기는 반드시 문명사를 뒤흔드는 전환점으로 작용한 것을 확인할 수 있었습니다. 그리고 '팬데믹'이라는 단어를 조심스럽게 '부흥'과 연결할 수도 있겠구나 생각하기 시작했습니다. 즉, 단지 현재의 어려움을 잘 넘어가려면 어떻게 해야 하는지보다는 교회의 다음 단계를 떠올리면서 정리했습니다. 우리 성도들이 포스트 코로나를 부흥과 연결하여 하나님이 하실 새 일을 기대했으면 좋겠다는 생각도 들었습니다.

저는 7년 환난을 앞둔 요셉의 심정으로 원고를 준비했습니다. 경제적, 정신적 어려움을 통과하는 성도들에게 울타리가 되어주는 하나님의 말씀을 전할 수 있기를 기도했습니다. 우리가 처한 환경은 심각하기 그지없지만, 그것을 능가하는 하나님의 위로와 깨달음과 말씀을 보내주셔서 한 분 한 분을 붙들어주시기를 원했습니다. 이 책은 그렇게 몇 개월 동안 발버둥치며 받은 은혜의 결과물입니다. 지금도 원고를 마주하면 하나님이 주신 은혜의 궤적을 돌아볼 수 있습니다. 부디 이 책을 읽기 시작한 분들에게 동일한 은혜가 임하기를 바랍니다.

지금 하나님은 긴 세월 모든 것을 막아 놓으시고 믿음의 사람들이 존재감의 근거를 어디에 두어야 하는지를 가르쳐 주십니다.

"하나님을 경외하고 그의 명령들을 지킬지어다 이것이 모든 사람의 본분이니라"(전 12:13).

여러분에게도 이 책을 통해 귀한 만남이 있기를 소망합니다.

박종렬

1장 비상 착륙
억지로 쉬어야만 할 때가 있다

2장 재정비

인생의 두 번째 기회는 어떻게 오는가

3장 재비상
다른 차원에서 오는 힘

4장 마음의 회복
주신 것을 다 쓰고 가는 인생

1장

비상 착륙

억지로 쉬어야만 할 때가 있다

1

이제야
들립니다

· · · · ·

광야가 절망스럽지만은 않은 이유

광야(wilderness, 히브리어 '미드바르')는 시험과 고난의 장소이면서도 하나님의 인도와 사랑도 빈번하게 나타나는 곳입니다. 이스라엘 백성이 애굽을 탈출하여 가나안 땅에 들어가기 전에 40여 년간 지낸 곳이기도 합니다. 그곳은 먹을 것과 마실 것을 구하기 힘들고, 음식도 거칠었으며 위험했습니다(민 21:5, 신 8:15).

결국, 광야는 사람이 제힘으로는 생존할 수 없는 곳을 말합니다. 모세는 이 광야에서 무려 40년을 살았습니다. 광야에서는 아무것도 바랄 수 없음을 모세는 너무도 잘 알았습니다. 하지만 하나님이 애굽의 왕자였던 모세를 광야에서 40년 동안 훈련하신 것은 오히려 그를 '광야 전문가'로 키우기 위한 것이었습니다. 때가 되면, 모세를 통해 이스라엘 백성을 애굽에서 광야로 이끌어내 인도해가실 터인데, 이를 위해 광야 40년은 하나님 보시기에 '필수 코스'였습니다.

> 여호와께서 이르시되 내가 애굽에 있는 내 백성의 고통을 분명히 보고 그들이 그들의 감독자로 말미암아 부르짖음을 듣고 그 근심을 알고 … 이제 내가 너를 바로에게 보내어 너에게 내 백성 이스라엘 자손을 애굽에서 인도하여 내게 하리라(출 3:7, 10).

다윗은 무려 13년이라는 세월 동안 자기를 죽이려는 사울왕을 피해 광야를 헤맸습니다. 그에게 광야는 탄식의 현장이었습니다. 매일매일 피 말리는 현실에서 실제적인 위협과 싸우는 곳이었습니다.

다윗은 그날들을 기도로 버텨냈습니다. 모든 한탄과 비탄의 고백이 감사의 고백으로 바뀌면서 그는 진정한 이스라엘의 왕으로 거듭났습니다. 다윗은 사울을 피해 달아났던 광야 동굴에서 이런 노래를 불렀습니다.

> 하나님이여 내게 은혜를 베푸소서 내게 은혜를 베푸소서 내 영혼이 주께로 피하되 주의 날개 그늘 아래에서 이 재앙들이 지나기까지 피하리이다 … 하나님이여 주는 하늘 위에 높이 들리시며 주의 영광이 온 세계 위에 높아지기를 원하나이다(시 57:1, 11).

이처럼 하나님은 모든 하나님의 사람에게, 택하신 자녀들에게 광야를 지나게 하십니다. 힘들지만 소망을 품고, 최선을 다해 믿음으로 살려고 해도 광야를 지나야 할 때가 있습니다. 평소처럼 살아가는데도 침체와 절망의 홍수를 막지 못할 그때가 바로 광야를 지나는 때입니다. 성경에 나오는 하나님의 사람들은 모두 광야를 건너온 사람들입니다. 헨리 나우웬은 "광야는 하나님과 함께 그리고 온전히 혼자 있을 수 있는 시간과 장소가 마련된 곳"이라고 했습니다.

광야는 결코 고통과 절망의 장소만은 아닙니다. 광야에서는 하나님만 보게 되기 때문입니다. 지금 우리는 모두 광야를 걷고 있습니다. 이 광야에서 우리 각자가 하나님과 일대일로 대면할 수 있기를 바랍니다. 나만의 광야를 지나며 척박한 땅과 주변 환경에만 빠져 지내지 않고 눈을 들어 하나님을 볼 수 있길 바랍니다. 하나님을 보는 눈이 떠지고, 깨닫길 바랍니다(신 8:2). 광야의 고통은 잠시요, 하나님의 약속은 영원하기 때문입니다.

지금 우리 눈에 보이는 것은 무엇입니까? 광야에서 홀로 걷고 있습니까? 아니면 함께 걸으시는 하나님의 흔적을 볼 수 있습니까?

> 내가 애굽 사람에게 어떻게 행하였음과 내가 어떻게 독수리 날개로 너희를 업어 내게로 인도하였음을 너희가 '보았느니라'(출 19:4).

40세 되던 해, (제 생각에는) 멋지게 헌신했습니다. 제가 왠지 큰 인물이 된 것 같았습니다. 세상 것을 허망하다고 버리고 하늘의 상을 바라보는, 히브리서에 나올 법한 사람이라고 여겼습니다.

그러나 하나님은 그때부터 더러워진 저의 낡은 옷을 벗기고 눌러 붙은 때를 밀어내는 작업을 시작하셨습니다. 멋지게 헌신한 선교 공동체에서 계획한 프로젝트마다, 아이디어마다, 실행 팀을 꾸리고 독려하며 추진했던 것마다 모조리 실패했습니다.

그때까지는 커리어에서 잠시 실수는 있었을지라도 실패는 몰랐는데, 모두의 기대를 완전히 저버린 완벽한 실패였습니다. 보탬을 주려던 선교 공동체의 재정은 악화되었습니다.

자존감은 바닥을 쳤고, 사람들의 시선을 견딜 수 없어 6개월을 숨어 지냈습니다. 그동안 얼마나 세상 경험을 의지하면서 자신만만했던지 그리고 지금은 얼마나 초라한지를 똑똑히 목격하며 회개의 눈물로 새벽기도를 이어가던 중 다시 기회가 생겼습니다.

평신도 사역자 지원 양성 및 훈련을 목적으로 한 프로젝트가 출발해 많은 사람이 달라지기 시작한 것입니다. 쉽지 않은 과정이었지만 눈물로, 기도로 도움을 구했을 때 많은 회복과 위로와 공급하시는 은혜를 온몸으로 체험했습니다. 겸손이 큰 능력임을 비로소 깨닫게 하셨습니다. '겸손'은 지금도 나를 세우는 큰 힘이 되어주고 있습니다.

전환이 일어나는 시간

그토록 믿고 의지했던 예수님이 십자가의 길을 먼저 가신 후, 제자들은 숨도 제대로 쉬지 못한 채 몰래 숨어 있었습니다. 두려움이 가득한 채 숨어 지내던 제자들에게 예수님이 찾아오셨습니다. 그리고 숨을 내쉬며 말씀하셨습니다.

> 이 말씀을 하시고 그들을 향하사 숨을 내쉬며 이르시되 성령을 받으라(요 20:22).

살아 있는 생명체는 숨을 쉽니다. 속이 무언가로 꽉 차 답답할 때, 길게 숨을 들이마시고 내쉬고 나면 다소 개운해집니다. 예수님의 숨은 답답한 속사정을 비우는 숨이 아니라, 하나님이 첫 사람에게 생기를 불어넣어 주실 때의 그 생명의 호흡(창 2:7)과 같았습니다. 두려움과 절망 상태에 있는 제자들에게 생명의 호흡을 불어넣어 주신 것이었습니다. 에스겔 죽음의 골짜기에 이 숨이 임하자 거대한 부활 생명의 능력이 나타납니다.

그렇게 주님이 내쉰 숨을 자신의 호흡으로 받아들이면 들숨이 됩니다. 예수님이 생명의 날숨을 주셨다면, 제자들은 생명의 호흡을 들숨으로 마신 것입니다. 이 숨을 자신의 호흡으로 받아들이자 그들은 생명의 성령의 법에 따라 지배를 받기 시작합니다.

코로나19는 사람들의 호흡기를 옮겨가며 괴롭히는 바이러스입니다. 비유하자면 죽음의 숨이 온 세상을 지배하는 듯합니다. 우리는 특히 많은 사람이 모인 공간에서 숨쉬기를 두려워하며 숨을 죽여가며 참았습니다.

우리는 이런 때일수록 생명의 숨, 성령의 생기를 내 안에 깊이 받아들여야 합니다. 생명의 호흡이신 성령으로 살아야 합니다. 성령의 생기가 우리를 다스려, 삶에 활력을 넘치게 할 뿐 아니라 모든 죽어 있는 것들, 죽어가는 것들을 다시 살리는 부활의 능력이 임하도록 준비해야 합니다.

개인적으로 2020년은 뜻깊은 전환을 경험한 해였습니다. 지금껏 정말 앞만 보고 달려온 생애였습니다. 전임 사역을 시작한 1994년부터 늘 어떤 목표를 정해놓고 쉼 없이 뛰었습니다. 시행착오도 많이 겪었지만 좋은 열매도 거두면서 평생 '더 높은 곳을 향하여' 달음박질하는 인생이었습니다. 50대 중반에 교회를 새로 개척한 것도 지금 보면 하나님의 섭리였지만, 그만큼 열심히 살다 보면 잘 풀릴 거라는 패턴이 하나의 태도로 자리 잡은 것이었습니다.

그런데 팬데믹이 되니 그런 목표가 갑자기 사라졌습니다. 이런 목표는 교회 구성원을 통해 이루어가야 하는데 중요한 축이 무너졌기 때문입니다. 비전은 있는데 그 비전을 실현할 성도는 같이 뛸 수 없었습니다. 그렇게 교회가 멈추게 되니 뭔가를 계산한다는 것 자체가 의미 없게 되었습니다.

그래서 짐을 싸서 조그마한 기도처에서 두 달 동안 칩거하다 시피 하면서 생각을 정리하기 시작했습니다. 생각의 관점과 초점을 명확하게 해달라고 하나님께 기도하기 시작했는데, 과거에 사회생활하면서부터 현재 목회까지, 전 과정을 살피게 하시면서 제가 무엇을 놓쳤는지 콕 집어 알려주셨습니다.

바로 진정성의 문제였습니다. 가령, 사람이 아무리 옳은 얘기를 해도 거기에 10퍼센트 정도만 거짓이 있거나 어떤 인간적인 요소가 들어간다고 한다면 그것은 거짓이나 다름없다고 알게 하셨습니다. 순수 복음이 아니지요. 우리 목회자들이 이런 순수 복음을 자꾸만 놓치고 있다는 위기감이 왔습니다. 팬데믹이 와서 '연애 대상'이 없어지고 나니, 혼자 아무리 짝사랑해봐야 알아줄 사람도 없고, 그제야 초점이 다시 하나님에게 돌아가고 말씀이 펼쳐지기 시작한 셈입니다.

저는 지금까지 다양하고 폭넓은 스펙트럼의 사역들을 해왔는데, 팬데믹 시대가 펼쳐지자 과거 사역에서는 못 느꼈던 여러 원리가 말씀 속에 다 담겨 있음을 뒤늦게 깨닫기 시작했습니다. 그래서 다시 한번 인생을 재정비하는 시간이 됐습니다. 팬데믹과 부흥에 대한 하나님의 마음을 제대로 확인했고, 순수 복음을 성찰하는 가운데 진정성 있는 복음 사역에 대한 강렬한 열망을 덧입게 되었습니다. 어찌 보면 몇 달 동안의 이러한 내적 전환으로 말미암아 제 안에 성령의 생기를 깊이 받아들일 수 있었습니다.

삶이 두려운 이유는 내 안에 빛이 없기 때문이다

때론 우리 삶에 이해할 수 없고 도저히 받아들이기 힘든 아픔과 고통이 찾아옵니다. 아무리 하나님은 선하신 분이라고 믿는다고 하더라도 내 인생 경험으로 설명하기 어렵고 말문이 막히는 그런 고난과 시련을 만나면 혹시 내가 무슨 잘못을 했는지 인생을 한번 돌아보기 마련입니다. 안으로는 원망이, 밖으로는 세상의 판단과 수군거림이 두렵습니다.

요한복음 9장에 나오는 이야기입니다. 예수님은 날 때부터 맹인 된 한 사람을 보셨습니다. 제자들은 궁금해합니다. "랍비여 이 사람이 맹인으로 난 것이 누구의 죄로 인함이니이까 자기니이까, 그의 부모니이까"(요 9:2).

그들의 질문은 상식적이었고 배운 그대로였습니다. 율법이 가르쳐준 것과 같았습니다. 인간에게 닥치는 재앙은 반드시 어떤 원인에 따라 생긴다는 인과관계적인 사고 체계에서는 이런 질문은 너무도 자연스러운 것입니다.

이때 예수님은 말씀하십니다. "이 사람이나 그 부모의 죄로 인한 것이 아니라 그에게서 하나님이 하시는 일을 나타내고자 하심이라"(요 9:3).

주님은 제자들의 질문이 잘못되었다고 하십니다. 나쁜 질문을 던져서는 답을 얻지 못합니다. 예수님은 한 인간의 비극적인 삶 속에서 인과관계가 아닌 존재 목적을 찾고자 하셨습니다. 예수님은 '이 사람이 왜 소경으로 태어났는가, 왜 소경으로 살아야 하는가'보다 우선하는 것을 말씀하십니다. 가장 저주스러운 현실을 앞두고도, 예수님은 "하나님이 하시는 일"에 초점을 맞추셨습니다.

예수님은 비극적인 맹인의 삶을 대하면서도 당신이 이 땅에 오신 목적을 드러낼 기회로 삼으셨습니다. 비극적 질문을 목적이 있는 질문으로 바꾸셨고, 그의 삶에 두신 하나님의 선한 뜻을 적극 드러내셨습니다.

평생을 어둡게 살아온 맹인의 눈을 예수께서 열어주십니다. 실로암으로 보내 그 눈에 바른 진흙을 씻게 하십니다. 맹인은 눈을 뜨고 빛을 보았습니다. "실로암 못에 가서 씻으라 하시니 (실로암은 번역하면 보냄을 받았다는 뜻이라) 이에 가서 씻고 밝은 눈으로 왔더라"(요 9:7). 그렇게 눈을 뜨자, 죄의 관점이 아니라 빛과 생명의 관점에서 자기 인생을 볼 수 있게 되었습니다.

삶이 두려운 이유는 내 안에 빛이 없기 때문입니다. 지금의 삶에서 어떤 의미도 찾을 수 없기 때문입니다. 하나님의 일을 발견하지 못했기 때문입니다. 특히 태어날 때부터 지닌 몸과 마음의 약점과 한계 상황에 대해서 우리는 쉽게 절망합니다.

고난의 시절에 "나는 왜 하는 일마다 실패하는가?"라는 질문을 던지면, 자기 삶을 온통 실패의 관점에서만 보게 됩니다. 그때 어떤 일이 생각나고, 그 사건만 그 판단 실수만 아니었으면 지금 이렇게까지 되진 않았을 것이라고 자책합니다. 남은 삶도 불안합니다. 언제 또 그런 실수를 하게 될지 자신을 믿지 못하기 때문입니다.

남편과 아내에게도 차마 말하지 못할, 그런 깊은 고민을 안고 살아갈지도 모릅니다. 누군가에게 기도 부탁을 하기에도 힘든 그런 문제로 깊은 침체의 터널을 지나고 있을지도 모르겠습니다.

이럴 때일수록 우리는 질문을 제대로 던져야 합니다. "내 인생이 어디서부터 꼬였을까?"보다는 "하나님이 내게 무엇을 깨닫게 하시는가?"를 물어야 합니다. 내게 주어진 현실이 바닥이더라도 그 안에만 매몰되어서는 안 됩니다. 받아들이기 쉽지 않지만, 하나님의 큰일을 나타내시려고 내게 주신 특별한 기회임을 알아차려야 합니다.

'실로암'은 "보내심을 받았다"는 뜻입니다. 내 인생 한가운데로 예수님을 빛으로 보내신 것처럼, 하나님은 나를 세상 한가운데로 보내셨습니다. 빛이신 예수, 생명 되신 예수가 우리의 현실, 맹인 된 삶을 회복시키십니다. 하나님이 하시려는 구원의 일을 펼쳐 가십니다. "내가 세상에 있는 동안에는 세상의 빛이로라"(요 9:5). 예수님은 우리에게 닥친 이 모든 현실을 뛰어넘어 빛으로, 생명으로 인도하십니다. 주님과 함께 다니면 우리도 빛처럼 살아갑니다. 현실에 묶여 그 안에서 맴돌다 그치지 않길 바랍니다.

예배, 하나님이 일하실 자리

어느 날, 주일예배를 드리며 예배당을 둘러보는데 그 의자에 앉아 있어야 할 예배자의 모습이 보이지 않았습니다. 자리마다 앉아 있던 얼굴들이 떠올랐지만, 허전한 마음은 여전했습니다. 예배당이 있음에도 예배자가 올 수 없는 상태. 큰 교회든 작은 교회든, 예배의 자리는 그렇게 비어 있었습니다.

"진정한 예배란 무엇일까?" 그때 제 마음에 떠올라 마음을 뒤흔들었던 질문이었습니다. 예배당 안에서 사람들은 자기 자리에 앉아 열심히 찬양하고 기도하고 말씀을 경청했지만, 정작 '하나님의 자리'는 어디에 있었을까, 새삼 궁금해졌습니다.

단에서 예배당 왼편을 보았습니다. '하나님 나라'라는 글자가 눈에 선명하게 들어왔습니다. 그 순간, 마음속으로 감동이 밀려들어 왔습니다. "하나님이 다스리고 주인 되신 그곳." 그동안 이 단순하지만 근본적인 원리에 무관심했다는 아픈 깨달음이었습니다.

예수님은 하나님 나라가 "여기 있다 저기 있다고도 못하리니 하나님의 나라는 너희 안에 있느니라"(눅 17:21)라고 하셨습니다. 예배는 그 하나님 나라를 우리 안에, 우리 가운데 세우는 가장 기본적인 영적 태도입니다.

예배는 하나님이 하나님 되신 것을 인정하고 고백하고 그분 앞에 내 삶을 드리는 헌신입니다. 또한 하나님이 하신 일에 대한 우리의 믿음 고백입니다. 천지 만물을 창조하시고 주관하신 일(창 2:1), 모든 만물을 다시 새롭게 하신 일(계 21:5, "보좌에 앉으신 이가 이르시되 보라 내가 만물을 새롭게 하노라"), 모든 만물을 다시 새롭게 이루실 그 날(계 21:6, "이루었도다 나는 알파와 오메가요 처음과 마지막이라")을 대망하며 감사하는 것이 예배입니다.

그리고 예배는 하나님의 임재 앞에 가난한 심령으로 나아가 하늘에서 내려오는 온갖 신령한 것으로 채우는 영적 사건입니다. 하나님이 모든 만물을 창조하시고, 다시 새롭게 하신 그 모든 일을 찬양하고 감사하는 고백이 예배입니다. 창조부터 영원까지 펼쳐지는 하나님 나라의 벅찬 은혜의 드라마를 함께 누리는 것입니다.

> 하나님이여 주는 나의 하나님이시라 내가 간절히 주를 찾되 물이 없어 마르고 황폐한 땅에서 내 영혼이 주를 갈망하며 내 육체가 주를 앙모하나이다 내가 주의 권능과 영광을 보기 위하여 이와 같이 성소에서 주를 바라보았나이다(시 63:1-2).

시편 63편은 다윗이 유다 광야로 달아나 하나님을 간절히 찾으며 성소에서 예배하기를 갈망하는 시입니다. 예배에 대한 갈급함, 성전에서 하나님을 만나고 싶은 간절한 소망, 하나님에 대한 깊고 애절한 그리움이 절절합니다. 그러나 지금은 이곳 유다 광야에 목숨을 유지하기 위해 도망 나와, 예루살렘 성소를 바라만 보는 처지가 되었습니다. 그의 심령은 얼마나 안타깝고 간절했을까요?

그러므로 예배는 하나님 임재에 대한 강한 열망입니다. 지금 우리도 비슷한 처지입니다. 그저 성전을 바라만 볼 수밖에 없는 상황입니다. 그러나 하나님을 간절히 사모하는 마음들이 하나로 모일 때, 인간 욕망에서 시작해 진화해가는 온갖 악한 기술과 패역한 방법이 무너지고 세상은 하나님의 임재, 주의 영이 소통하는 통로로 변합니다.

2

인생을
있는 그대로
보는 연습

• • • • • •

풀어야 할 숙제가 아니라 인생 공부를 위한 재료

중고등학교 시절, 유독 학교를 자주 찾아오시는 친구 어머님 한 분이 계셨습니다. 학교 발전을 위해 많은 도움을 주신 분이셨는데, 단정한 올림머리와 화려한 양단 두루마기가 우리 눈에 자주 띄었습니다. 본인이 잘해서인지 어머니의 헌신 때문인지, 어쨌든 그 친구는 모두의 부러움 속에 꽤나 알아주는 학교에 들어갔고 우리는 왠지 모를 배신감을 느꼈습니다. 그 시절 서로 의리, 혈맹이라고 외치며 중국집 구석에서 다졌던 연대감은 졸업하고 나니 소식조차 알 길이 없었습니다.

예수님이 열두 제자를 데리고 예루살렘으로 향하시던 때였습니다. 뒤를 쫓던 많은 무리를 물리시고 따로 제자들만 데리고 가시며 말씀하십니다.

> 보라 우리가 예루살렘으로 올라가노니 인자가 대제사장들과
> 서기관들에게 넘겨지매 그들이 죽이기로 결의하고 이방인들에
> 게 넘겨주어 그를 조롱하며 채찍질하며 십자가에 못 박게 할 것
> 이나 제삼일에 살아나리라(마 20:18-19).

예수님은 예루살렘으로 가시는 목적을 분명히 밝히셨습니
다. 그때 옛날 제 친구의 어머니 같은 분이 등장합니다. "그때
에 세베대의 아들의 어머니가 그 아들들을 데리고 예수께 와서
절하며 무엇을 구하니"(마 20:20).

예수님은 무엇을 구하는지 물으십니다. "예수께서 이르시되
무엇을 원하느냐 이르되 나의 이 두 아들을 주의 나라에서 하
나는 주의 우편에, 하나는 주의 좌편에 앉게 명하소서"(마 20:21).
어머니의 소원은 두 아들 잘되게 해달라는 것이었습니다. 열두
제자 중에 자기 아들들을 특별히 더 대우해달라는 부탁이었습
니다. 3년의 세월을 벼르며 기다려온, 애써 참아왔던 축복과 번
영의 순간이 바로 그때라고 생각한 것입니다.

예수님은 그들을 꾸짖거나 물리지 않으셨습니다. 다만 물으
십니다. "내가 마시려는 잔을 너희가 마실 수 있느냐?" 십자가
의 죽음과 고난의 잔, 인류 구원의 잔, 그 잔을 함께 마실 수 있
겠느냐고 물으십니다.

오늘날 우리도 동일한 것을 구할 때가 많습니다. 십자가 없는 영광, 고난 없는 축복, 섬김 없는 존경 … 이 모두가 고난받으러 가시는 예수님 앞을 막아선 채 요구한 것들입니다. 하지만 주님은 앞에 놓인 십자가를 그저 짐이 아닌 사명으로 확실히 받아들이셨습니다. 그것이 진정한 축복과 번영의 삶입니다.

> 인자가 온 것은 섬김을 받으려 함이 아니라 도리어 섬기려 하고
> 자기 목숨을 많은 사람의 대속물로 주려 함이니라(마 20:28).

대개 우리 인생에 갑자기 나타난 문제는 십중팔구 나를 다루기 위한 하나님의 섭리인 때가 많습니다.

헌신한 후 첫 사역지가 한 선교단체였습니다. 그런데 당시 선교단체들은 좀 체계가 없었습니다. 사회에서는 출퇴근 시간이 분명하고 계획에 따른 실행 여부를 꼼꼼히 점검하는데, 이곳은 자기 책임감과 비즈니스 개념이 부족했습니다.

저는 당시 14년 동안 사회생활을 해왔던 터라 그런 모습을 그대로 두고 볼 수 없었습니다. 그래서 일종의 개혁을 하려고 시도했습니다. 사회에서 당연시하던 룰을 적용하기 시작했습니다. 출퇴근 시간 카드를 만들고, 제도와 법을 만들었습니다. 상명하복과 위계질서를 잡고, 부장이면 실제로 부서장으로서 책임을 지고, 책을 하나 내더라도 수익구조를 만들어야 한다는 등의 사회에서는 상식적이던 이야기를 강조했지요.

사람들이 달라졌을까요? 전혀 바뀌지 않고 오히려 이탈자가 속출하고 사표를 내기 시작했습니다. 그럴수록 실력 있는 사람은 나가고 갈 데 없는 사람만 남아서 은혜 타령을 했습니다.

그런데 하나님의 생각은 달랐습니다. 하나님은 저를 다루기를 원하셨습니다. 이 상황을 통해 나를 다스리셨습니다. 8개월 만에 제가 항복했습니다. '사람은 이런 질서와 법으로만 다루는 게 아니란다.' 제가 거기서 목회의 기초를 배웠습니다.

그래서 제가 마음을 바꾸려고 하는데, 저 역시 인간이니까 제 안에서 그만 울분이 터졌습니다. 그렇게 하려면 제가 살아온 방식을 다 바꿔야 하니까요. 그때 잠수교 밑으로 차를 몰고 가서는 화가 나서 핸들을 때렸는데 그만 부서져 버렸습니다. 제 손에 금이 갔을 정도였습니다.

사람은 복음, 은혜, 위로로 회복되는 것이지 법과 질서, 물리적인 힘으로 달라지지 않는다는 걸 그때 배웠습니다. "룰을 세우지 마라, 법을 만들지 마라, 아껴라, 존중해라." 하나님은 제게 이런 메시지를 주셨습니다.

인생의 문제를 피해야 할 짐이 아니라 사명으로 받는 순간, 길이 열립니다. 나에게 있는 인생 고민은 무엇입니까? 그것은 나에게 풀어야 할 과제일 뿐입니까? 피해야 할 장애물입니까? 아니면 맡겨진 사명입니까? 고민을 어떤 관점에서 보는가에 따라 문제 해결에 접근하는 방식 자체가 완전히 달라집니다. '인생 문제'가 '인생 사명'이 되는 축복을 누릴 수도 있습니다.

데이터베이스 전체를 바꿔야 할 때가 옵니다

종종 선입견에 속을 때가 있습니다. 사람은 정확한 팩트 확인보다는 이미 주어진 정보에 근거하여 판단하고 결론을 내릴 때가 많습니다. 먼저 입력된 정보가 건전하고 사실에 기반하면 다행인데, 그렇지 않다면 평생을 선입견의 그림자에 가려 실상을 외면한 채 살아가는 셈이지요. 뇌는 팩트에 끌리기보다는 자기가 경험한 세계를 전부라고 생각하기 때문입니다.

먼저 입력된 정보가 옳다고 철석같이 믿고 있기에 나중에 진짜 사실을 알게 되어도 쉽게 받아들이지 못합니다. 우리도 그럴 때가 있습니다. 후에 진실을 알았더라도 쉽게 인정하고 받아들이기가 어려운 게 사실입니다. 같은 정보를 보는 시각이 사람마다 180도 달라서 놀랄 때도 있습니다. 우리는 팩트 자체보다 그것을 어떻게 해석하는지를 배워야 합니다.

특히 요즘은, 정보의 '출처'가 어디인지를 살펴보는 분별력이 더욱 필요합니다. 우리에게 가장 안전한 출처는 어디일까요? "그러므로 믿음은 들음에서 나며 들음은 그리스도의 말씀으로 말미암았느니라"(롬 10:17). 우리 믿음의 출처가 '그리스도의 말씀'에서 나왔는지, 그 출처를 확인하는 작업이 필요합니다.

먼저 입력된 정보를 "그리스도의 말씀"이라는 변치 않는 진리와 연동하여 비교해보아야 합니다. 그러려면 열린 마음 안에 그리스도의 말씀이 채워져 있어야 합니다. 우리에게 입력된 정보를 비교하는 유일한 기준은 바로 그분의 말씀입니다. 하나님의 음성, 예수 그리스도의 가르침만이 진정한 믿음의 세계, 진리의 세계, 하나님 나라를 드러내기 때문입니다(히 11:3).

모든 세계의 바탕은 로고스인 하나님의 말씀입니다. 세상에서 열심히 살다 보면, 세상 소리와 논리가 더 크게 들립니다. 세상 소리가 클수록 불신과 의심은 더욱 기승을 부립니다. 종일 수고하면서 우리의 영은 조금씩 지치고 상합니다. 판단 기준을 자꾸만 말씀이 아닌, 다른 것에 두기 시작합니다.

우리는 될 수 있으면 그런 상태에서 빨리 돌이켜야 합니다. 입력된 정보의 출처를 늘 점검하고, 믿음의 세계로 들어가야 합니다.

> 믿음의 주요 또 온전하게 하시는 이인 예수를 바라보자 그는 그 앞에 있는 기쁨을 위하여 십자가를 참으사 부끄러움을 개의치 아니하시더니 하나님 보좌 우편에 앉으셨느니라(히 12:2).

무엇을 믿느냐가 인생의 질을 결정합니다. 우리는 세상 정보보다 하나님의 말씀을 먼저 들어야 합니다. 삶의 기준을 그리스도께 맞추고 살아가는 사람에게는 능치 못한 일이 없습니다.

내 인생의 데이터베이스에서 살아갈 이유와 용기를 아무리 뒤져보아도 더 이상 나올 게 없을 때가 있습니다. 이 시대를 향한 그리스도의 말씀을 새롭게 받아야 하는 때입니다. 때로는 데이터베이스를 통째로 바꿔야 할 때가 옵니다. 내 경험과 지식과 생각의 데이터베이스에서 아무리 찾아보아도 쓸 만한 것을 발견하지 못한다면 유통기한이 지났다는 뜻입니다. 폐기하고 교체해야 할 때입니다. 내가 무엇을 믿는가는 추상적인 가르침이 아닙니다. 우리 삶을 결정하고 선택하고, 최선을 다할 수 있는 근거요, 삶의 모든 것을 다스리는 능력입니다.

교회를 다시 생각하며

'교육'(education)이라는 단어에는 "불필요한 것을 제한 후 순수한 것을 준다"라는 의미가 있습니다. 사실 인간이 쌓고 활용했던 지식이 언제나 인간에게 유용하게 돌아오지는 않았습니다. 사회 각 분야에 지식은 넘쳐났지만, 그것을 잘못 사용하여 많은 불평등이 생겼고 삶은 피폐해졌습니다.

뉴욕에서(미국 전체가 아닙니다) 하루에 버리는 음식물은 아프리카 대륙에서 굶주리는 사람들이 하루 먹을 수 있는 양과 맞먹는다고 합니다. 그러나 여전히 뉴욕은 쥐 떼가 들끓고, 아프리카 아이들은 배를 곯고 있습니다.

이때 교회를 다시 생각합니다. 우리는 세상에서 대안적 공동체로 인정받고 있는가? 어지러운 세상에서 사람들은 지혜를 구하러 교회를 찾아오는가? 교회는 그렇게 진리를 찾는, 지혜를 구하는 사람들을 실제로 감동시키고 매력적인 공동체로 어필 하는가?

정신없는 목회 일상을 보내다가 그동안 자세히 챙겨보지 못 했던 삶의 저변을 살피며 안목을 키워가는 귀한 시간을 보내고 있습니다. 나이를 먹으면서 터득한 것과 목회의 연륜이 더해가 면서 입력되는 정보는 미처 다 소화하기 힘들 만큼 넘치지만, 아직도 지혜는 빈곤하기 짝이 없다는 생각이 듭니다. 하나님의 지혜로 정제되지 않는 정보는 도움보다 해가 되기 십상입니다. 그동안 세상에서 얻는 귀하다는 정보들을 영혼 구원의 지혜로 바꾸는 일에 얼마나 매진했는지를 돌아보며 반성했습니다.

저는 지금껏 교회의 영적 부흥을 비전 삼아 달려왔습니다. 그래서 어느 정도 교회 공동체가 성장하고 부흥하는 것은 보았 습니다. 하지만 공동체의 구성원인 성도 한 사람 한 사람은 그 공동체만큼 부흥하지 못한 것 같습니다.

부흥은 삶의 모든 것을 총제적으로 회복시키는 일입니다. 신 앙뿐만 아니라 가치관, 사회의식, 경제력, 건강, 비전, 교양… 이런 것을 전인적으로 회복하는 것이 곧 부흥이라면 개인은 이 렇게 골고루 성장을 이루지 못한 게 보입니다. 저는 내적치유 사역도 했기 때문에 개개인과 상담을 해보면 그런 모습을 파악 할 수 있습니다. 개인의 부흥과 공동체의 부흥은 떼래야 뗄 수 없는 관계이므로, 앞으로는 교회가 세상에 매력적인 존재가 되 어야 하듯이 개인이 각각 매력적인 그리스도인으로 살아가는 것이 중요하다고 봅니다.

목회자인 저부터 시작해서 우리의 목회와 복음 사역이 진정성에 기반을 두어 출발하지 않는다면 앞으로 더 어려워질 수 있겠다는 생각이 들었습니다. 목회자가 먼저 본을 보이고 순수 복음의 정신대로 사역을 해나감으로써 그로 인한 부흥과 회복이 성도 개인의 삶과 공동체에 함께했으면 하는 바람이 큽니다.

물론 교회가 시대의 문제를 다 해결할 수는 없습니다. 그러나 이 혼돈과 좌절의 상황 속에서도 "세상에서 구할 수 없는 신적인 사랑을 알게 해주는 곳, 그분이 항상 우리와 함께 계시는 곳"으로서, 그 영적인 매력을 충분히 발산하고 있는지에 대해서는 고민이 깊습니다. 우리가 경제적인 문제, 질병, 환경 같은 커다란 문제를 손댈 수는 없지만, 예수 그리스도를 통해 나타난 하나님 사랑을 보여주는 일에는 앞장서야 하지 않겠습니까?

교회와 성도들이 정보의 홍수 속에서 푹 빠져 휩쓸리지 말고 하나님의 사랑을 전달하는 메신저 역할을 잘 감당할 수 있기를 바랍니다.

3

지금, 여기에서
믿음으로
사는 길

· · · · · ·

믿음이 '선물'인 이유

　팬데믹 시대를 지나면서 사회 여러 분야에서 아주 많은 변화가 일어나고 있습니다. 그중 가장 눈에 띄고 시급한 문제는 사람 사이의 믿음, 곧 신뢰의 문제가 흔들리고 있는 것이라고 생각합니다.

　사람들끼리는 얼굴을 맞대고 이야기해야 서로의 처지와 상황이 이해되고, 눈빛과 마음으로 헤아릴 수 있는데, 그렇게 대면하거나 소통할 기회가 점점 줄다 보니 생각이나 상상으로만, 또는 보이는 모습으로만, 글 몇 줄로만, 과거의 경험 등으로만 판단할 수밖에 없는 것이 현실입니다. 그런 제한된 생각과 경험으로 관계에서 오해가 생기기 마련입니다.

이는 하나님과 우리 사이에서도 비슷하게 적용됩니다. 신앙 생활을 시작하면서 우리는 자기 존재감과 씨름하는 시기를 지납니다. 받은 감동은 큰데, 변하지 않는 인격과 수준에서 오는 옛 습관과 옛사람의 흔적이 신앙의 발목을 잡습니다. 이는 세상과 분리된다고 해결되는 것도 아니요, 또 그럴 수도 없습니다. 하나님은, 삶의 현장에서 문제들과 계속 부딪히게 하면서 우리를 다루고 성장하게 하시기 때문입니다.

문제는 여전하지만, 이것을 내가 책임져야 하는가 아니면 하나님이 해결해주시는가에 근본적인 인식 차이가 있습니다. 진정한 믿음은 나에게서 출발하지 않습니다. 그 시작은 '하나님의 선물'이라고 말씀하십니다.

> 너희는 그 은혜에 의하여 믿음으로 말미암아 구원을 받았으니 이것은 너희에게서 난 것이 아니요 하나님의 선물이라 행위에서 난 것이 아니니 이는 누구든지 자랑하지 못하게 함이라(엡 2:8-9).

믿음은 우리의 노력과 수고가 아니라 하나님이 먼저 은혜로 주셨기 때문에 가능합니다. 이 믿음은 우리를 구원에 이르게 하는 유일한 길입니다. 하나님이 우리에게 의를 나타내셨기 때문에 우리는 이 하나님의 의, 즉 복음을 믿는 믿음으로 살아갈 수 있게 되었습니다.

하나님이 주신 은혜의 선물 안에는 이렇게 복음으로 살아가게 하는 능력까지 포함됩니다. 그 믿음이 계속 우리를 키워 가십니다. 믿음으로 믿음에 이르게 한다는 의미가 여기 있습니다. 이 믿음은 하나님의 의, 하나님의 바른 기준을 알게 하고 그것으로 우리 삶의 모든 영역이 다스림을 받도록 하십니다.

이것이 우리가 선물로 받은 믿음의 본질입니다. 인생의 모든 부분에, 걸음걸음마다 이 '믿음'이라는 은혜의 선물이 없었다면, 우리는 자기 한계에서 벗어나지 못했을 것입니다. 아무런 대안 없는 삶을 살다가 절망에 빠져 허무하게 삶을 마감했을 것입니다.

때로는, 믿음이 있다면 모든 삶에서 형통해야 하지 않느냐고 생각합니다. 그러나 그렇지 못할 때가 너무나 많지요? 오히려 믿지 않는 사람들보다 더 안 풀리고, 더 못나게 살아가기도 합니다. 그래서 당황하고 맥이 빠집니다.

그러나 기독교의 믿음은, 믿음으로 인한 구원은, 이 구원의 은혜는 형통함으로 인도하지만 형통과 동격은 아닙니다. 그 본래 의미는, 그리스도 예수를 믿는 믿음을 통해 하나님의 능력이 삶의 모든 영역을 다스리고 지키고 인도해주시는 것을 의미하기 때문입니다.

> 너희 믿음이 사람의 지혜에 있지 아니하고 다만 하나님의 능력에 있게 하려 하였노라(고전 2:5).

어디까지 신뢰하는가

세상에서는 크다, 작다는 기준이 있습니다. 그간의 업적, 행적, 실적, 증거, 결과물이 있기에 어느 정도 객관적으로 평가할 수 있습니다. 세상 이치와 기준에 익숙해지면 믿음도 외형적이고 물질적으로 생각하기 쉽습니다. 그러나 인간적인 야망과 영적 세계에서 말하는 믿음은 분명 다릅니다. 믿음의 실체, 믿음의 크기는 "하나님을 얼마나 신뢰하느냐"에 달려 있습니다.

어려운 시절을 보내며 제가 계속 성찰하는 주제가 있습니다. '나는 진정 하나님을 잘 믿고 있는가', '나는 과연 하나님을 얼마나 신뢰하고 있는가'입니다. 즉, 제 믿음의 기초인 하나님을 신뢰하는 문제를 밑바닥부터 다시 들여다보고 있습니다.

지금처럼 어렵고 힘든 날들이 계속되고, 인생이 더 이상 좋아지지 않을 것 같은 막연한 두려움이 엄습하며, 탈출구가 보이지 않고 점점 더 늪에 빠져만 가는 때에 더 그러합니다. 그런 상황 속에서도 나는 끝까지 하나님을 신뢰할 수 있을까입니다.

이 질문에 히브리서 11장에 등장하는 많은 믿음의 사람들이 큰소리로 답을 주고 있습니다.

믿음으로 아브라함은 부르심을 받았을 때에 순종하여 장래의 유업으로 받을 땅에 나아갈새 갈 바를 알지 못하고 나아갔으며 …
믿음으로 요셉은 임종 시에 이스라엘 자손들이 떠날 것을 말하고 또 자기 뼈를 위하여 명하였으며 … 믿음으로 모세는 장성하여 바로의 공주의 아들이라 칭함받기를 거절하고(히 11:8, 22, 24).

여기에서 '믿음'을 빼고 생각한다면, 이들의 삶은 과연 어떻게 해석할 수 있을까요? 얼마나 미련하고 바보스럽기 짝이 없는 인생입니까? 이들이 자기 꿈과 야망을 따랐다면, 더욱 확실하고 유리하게 자기 자리를 찾아가야 했을 것입니다.

그러나 믿음의 사람, 믿음의 세계, 믿음의 원리는 세상 원리와는 전혀 다른, 또 다른 세계를 만들고 또 다른 세상에서 살게 합니다. "믿음으로 모든 세계가 하나님의 말씀으로 지어진 줄을 우리가 아나니 보이는 것은 나타난 것으로 말미암아 된 것이 아니니라"(히 11:3).

하나님의 나라, 하나님의 모든 세계, 하나님이 다스리시고 통치하시는 나라는 "믿음의 나라, 믿음의 세계"라고 말해줍니다. 하나님 나라는 믿음이 기초요, 믿음이 기둥임을 알 수 있습니다. 믿음의 사람에게만 보이는 세계, 이것이 곧 하나님 나라요 믿음의 나라입니다. 하나님이 다스리고 통치하는 모든 영역, 하나님이 지으시고 주인 되신 이 세상의 모든 질서는 이렇듯 믿음으로 세워집니다.

하나님의 영역 안에서는 어떤 상황, 어떤 문제든 다 '믿음 사건'이 됩니다. 믿음 사건이란, 하나님이 하나님 되심을 드러내는 기적을 말합니다. 아브라함이 믿음으로, 갈 바를 알지 못하고 나아갔을 때, 생명을 잉태할 수 없는 사라의 몸을 통해서도 아들 이삭이 잉태됩니다. 요셉의 믿음은 천하 만민의 생명을 구원하는 통로가 되었습니다. 애굽 총리로 살아보니 부귀영화는 다 지나가는 것들이요, 부질없는 것임을 알았습니다. 자신에게 주어진 그 숙명을 끌어안고, 그 땅에 묻힐 수밖에 없었을 때 요셉은 하나님의 약속을 바라보았고, 약속의 땅에 자기 뼈라도 묻겠다는 믿음의 고백을 합니다. 모세는 광야 40년을 하나님이 택하신 이스라엘 백성과 더불어 매일의 기적으로 자기 삶을 채워갔습니다.

이들의 행적을 추적해보면, 우리와 크게 다르지 않습니다. 아브라함은 위기를 모면하기 위해 아내를 누이라고 두 번이나 거짓말했고, 요셉은 형들의 잘못을 자주 고자질했으며, 모세는 젊었을 때 자기 의가 강해 하나님의 부르심을 거절하고 심지어 하나님 백성을 저주하기도 했습니다.

그러나 믿음은, 그들의 작디작은 인생을 모아 부족한 삶, 연약한 인격을 완전히 변화시켰습니다. 하나님의 구원 계획을 이루는 일에서 하나님 나라의 주인공으로 쓰임 받았습니다. 과정 과정에서 펼쳐지는 수많은 고난의 연단을 견뎌내며 믿음의 사람, 진정한 큰 사람으로 성장해간 것입니다.

눈에 제대로 보이지도 않는 작은 믿음 하나가 태산, 오늘날 하나님 나라를 움직일 수 있습니다. 예수님이 제자들에게 요구하신 것은 바로 이것입니다.

믿음은 보험이 아니다

신앙에서 단단히 착각하는 것 중 하나가 바로 '믿음'에 관한 부분입니다. 우리는 내 경험과 생각과 상식이라는 범위 안에서 증거가 확실하면, 결과도 그렇게 된다고 확신합니다. 그리고 그것을 믿음이라고 생각합니다. 그러나 이것과 결이 전혀 다른 믿음이 있는데, 보이는 것은 아무것도 없고 확실한 증거도 없지만, 약속의 말씀을 삶과 신앙 중심에 받아들일 때 비로소 발휘되는 믿음입니다.

사실, 현실 문제가 커 보이면 하나님의 약속은 그리 대단하게 다가오지 않습니다. 절박한 마음에 지푸라기라도 붙드는 심정으로 할 수 없이 말씀을 붙들긴 하지만, 그 외에도 대안을 찾습니다. 혹시 보험을 들어둘 만한 다른 게 있을지 두리번거립니다. 믿음의 약속은 눈에 보이지 않고 증거로 삼을 만한 것은 더욱 없기 때문입니다.

'믿음'이란 나의 생각과 신념과 의지의 집합체가 아닙니다. 나의 소망도 아닙니다. 진짜 믿음은 약속의 말씀을 붙드는 것, 그 약속을 이루신 예수 그리스도를 믿는 것입니다. 믿음의 근거는 내가 경험한 것, 내가 본 것, 심지어 내가 행한 것에 있지 않고, 주님의 말씀에 있습니다.

예수님은 증거가 없다는 이유로 부활을 받아들이지 못하고, 홀로 믿지 못한 채 외로운 씨름을 하는 도마를 찾아가 만나주셨습니다. "도마에게 이르시되 네 손가락을 이리 내밀어 내 손을 보고 네 손을 내밀어 내 옆구리에 넣어보라 그리하여 믿음 없는 자가 되지 말고 믿는 자가 되라"(요 20:27).

드디어 도마의 자기 신념, 이상, 관점이 깨어지고 영적 눈이 열려, 새로운 세상을 보게 됩니다. "도마가 대답하여 이르되 나의 주님이시요 나의 하나님이시니이다"(요 20:28). 이때, 새로운 세상을 보는 도마에게 예수님이 말씀하십니다.

너는 나를 본 고로 믿느냐 보지 못하고 믿는 자들은 복되도다 (요 20:29).

주님의 말씀에 따르면 믿음에는 '보고 믿는' 믿음과 '보지 않고 믿는' 믿음, 이렇게 두 가지가 있습니다. 보고 믿는 믿음은 이성적이고 합리적인 도마의 믿음입니다. 보지 않고 믿는 믿음은 하나님의 약속을 그냥 받아들이는 것입니다. 하나님이시기 때문에, 그분이 말씀하셨기 때문에, 그분이 예수 그리스도를 통하여 확실하게 이루신 증거가 있기 때문에 동일한 근거로 인해 믿는 것입니다.

공기는 눈으로 볼 수 없지만, 공기가 없다면 생명을 유지할 수 없습니다. 이것은 우리의 주관적, 이성적 판단으로 분석하는 게 아니라, 공기라는 존재 덕분에 누리는 혜택입니다. 마찬가지로, 보이지 않는 하나님의 말씀이, 항상 내 삶과 함께 있음을 믿어야 합니다. 약속의 말씀이신 그리스도 예수가, 나와 늘 함께 있음을 믿는다면 우리는 모든 것을 할 수 있는 능력도 갖추게 됩니다(빌 4:13).

이런 믿음을 가지면 기적이 보입니다. 내일이 보입니다. 능력이 나타나기 시작합니다. 믿음은 바라는 것들의 실상이요 보이지 않는 것들의 증거이기 때문입니다.

작지만 온전한 믿음

귀신들린 아이를 둘러선 아버지와 제자들, 모든 사람이 어쩔 줄 몰라 할 때, 예수님은 귀신을 쫓아내고 그 아이를 회복시켜 주셨습니다.

아이의 인격과 삶의 모든 것을 조종하던 어둠의 세력, 거짓 세력을 다 내쫓고, 정결하고 새롭게 하셨습니다. 이때, 제자들이 예수님께 묻습니다. "예수님, 왜 우리는 귀신을 쫓아내지 못했습니까?" 예수님은 이렇게 도전하십니다.

> 이르시되 너희 믿음이 작은 까닭이니라 진실로 너희에게 이르노니 만일 너희에게 믿음이 겨자씨 한 알 만큼만 있어도 이 산을 명하여 여기서 저기로 옮겨지라 하면 옮겨질 것이요 또 너희가 못할 것이 없으리라(마 17:20).

겨자씨는 보일 듯 말 듯한 아주 작은 씨앗입니다. 이렇게 작은 믿음만 있어도 세상에서 못할 일이 없고, 태산을 움직일 만큼 거대한 믿음의 능력이 나타난다고 도전하신 것입니다.

하나님의 모든 세계는 믿음으로 지어졌고, 믿음으로 세워져 갑니다(히 11:3). 믿음 있는 자만이, 하나님 나라의 백성이 되고, 주인공이 될 수 있습니다. 그 크신 하나님 나라가 처음에는 우리의 겨자씨만 한 믿음으로 세워지고 확장된다면, 귀신이 다스리는 어둠과 절망, 죽음의 세계라 할지라도 겨자씨만 한 믿음을 통해 다시 희망, 빛, 생명의 세계로 회복시킬 수 있다는 의미도 됩니다.

그러나 겨자씨만 한 믿음 자체로만 하나님 나라가 이루어지는 것은 아닙니다. 즉, 믿음 자체가 기적을 만들어내지는 못합니다. 이 믿음에 '예수 그리스도'가 있어야 합니다. 능력은 바로 예수 그리스도로 인한 것이기 때문입니다.

예수님은 둘러선 무리에게 말씀하십니다. "예수께서 대답하여 이르시되 믿음이 없고 패역한 세대여 내가 얼마나 너희와 함께 있으며 얼마나 너희에게 참으리요 그를 이리로 데려오라 하시니라"(마 17:17).

이 말은 "어찌하여 눈앞에 나타난 기적, 표적만 바라보느냐, 감동 어린 눈빛으로 이 기적만을 보고 있느냐? 왜 내가 나타낸 기적만 신기해하느냐? 왜 이 능력의 근원인 나를 보지 못하느냐?"라는 뜻입니다.

'겨자씨만 한 믿음'이란 믿음의 근거, 믿음의 근원이 어디에 있는가를 말씀하신 것입니다. 믿음의 근원 되신 예수 그리스도에 눈을 뜨는 것, 그 예수를 내 삶과 능력의 근원으로 받아들이는 것, 주님은 이것을 바라십니다.

예수님과 함께하는 것이 믿음의 근본입니다. 이 믿음이 아무리 작은 겨자씨만 하더라도 인생 전부가 하나님의 다스림을 받는 빛과 능력의 사람들로 변화시켜 주시겠다는 것입니다.

다른 예를 봅니다. 열두 해 혈루증을 앓아온 여인이 있었습니다. "열두 해를 혈루증으로 앓아 온 한 여자가 있어 많은 의사에게 많은 괴로움을 받았고 가진 것도 다 허비하였으되 아무 효험이 없고 도리어 더 중하여졌던 차에"(막 5:26).

이 질병은, 여인에게 치명적인 약점이었고 소망 있는 삶을 산다는 것은 사치스러워 보였습니다. 그러던 차에 예수님이 지나가신다는 소문을 듣고 길에 나섭니다. 사람들 틈바구니에 서서, 예수님 가까이 다가서서 몰래 그 옷자락을 만졌습니다. "예수의 소문을 듣고 무리 가운데 끼어 뒤로 와서 그의 옷에 손을 대니 이는 내가 그의 옷에만 손을 대어도 구원을 받으리라 생각함일러라"(막 5:27-28).

이것이 겨자씨 믿음입니다. 작지만 온전한 믿음, 예수님이 그것을 사용하시기에 충분한 믿음입니다. 그리고 여인이 그 믿음을 간직하고 나왔을 때 즉시 회복되는 놀라운 일이 일어납니다. 혈루 근원이 말랐습니다. 악몽처럼 끔찍했던 삶이 그치고 새로운 인생을 살게 되었습니다.

어쩌면 우리는 열두 해를 갖은 노력을 다했지만 아무것도 고치지 못했던 여인처럼, 열심히 살았지만 문득 돌아보니 제자리 걸음을 하는 중인지도 모릅니다. 지금도 마찬가지입니다. 예수 앞에 나와 그 앞에 무릎을 꿇으면, 삶의 주인으로 고백하면 우리 삶은 회복되고, 구원의 은혜를 누립니다.

더 이상 자기 안에 있는 자원으로만 살지 않도록 합시다. 우리 안에 심겨진 온전한 믿음의 씨앗, 하나님의 생명력을 싹 틔워 봅시다. 비록 겨자씨보다 더 작더라도 온전한 믿음으로 나아갑시다. 그럴 때 열어주시는 태산 같은 하나님의 세계를 맛보고, 하나님과 동행하는 기쁨을 누리게 되기를 바랍니다.

언젠가 아픈 분 세 분이 찾아오셨습니다. 허리 통증으로 다리를 저는 분, 오십견이 심해 팔을 쓰기 어려운 분, 무릎 관절 수술 후유증으로 진통제를 달고 사는 분…. 모두 정상적인 신체 기능에 어려움이 있는 분들이었습니다.

난감했습니다. 그러나 이 믿음의 치유 사건을 떠올렸고 아픈 부위마다 손을 얹고 간절히 기도했는데 모두 몸이 가벼워졌다는 놀라운 은혜를 고백했습니다.

'내 능력이 아닙니다. 예수 그리스도의 치유 능력이 함께하시니 가능했습니다.'

그 후에도 치유 사역은 계속되었고, 회복의 능력이 나타날수록 믿음을 통해 일하시는 예수님의 능력을 자주 보게 되었습니다.

믿음의 투 트랙

성경에 나타나는 믿음의 사건들은 다양합니다. 열두 해 혈루병을 앓고 있던 여인은 예수님의 옷 가에 손을 대자마자 '즉시' 나았습니다. "예수의 뒤로 와서 그의 옷 가에 손을 대니 혈루증이 '즉시' 그쳤더라"(눅 8:44). 예수님은 나병환자 역시 '즉시' 깨끗하게 하셨습니다. "예수께서 손을 내밀어 그에게 대시며 이르시되 내가 원하노니 깨끗함을 받으라 하시니 '즉시' 그의 나병이 깨끗하여진지라"(마 8:3).

이처럼 인간 삶의 어려움과 고통과 좌절과 절망의 문제에 대해 주님이 즉시 개입해서 해결하실 때도 있습니다. 그분의 능력과 임재가 곧바로 나타나고, 우리가 원하는 결과도 곧바로 얻게 되어 참 신나고 좋습니다. 가장 힘들고 고달픈 상황에서 믿음의 주요, 온전케 하시는 예수를 바라보는 순간, 그 예수가 내 곁에 다가오는 순간, 그를 만지는 순간, 삶의 문제는 즉시 해결됩니다.

하지만 이와는 전혀 다른 근육을 사용해야 하는 믿음도 있습니다. 예를 들어, 히브리서에 나오는 많은 사람은 '기다림'으로 믿음의 세계를 완성해야만 했습니다. 믿음으로 살았지만 손에 쥘 만한 결과는 드물었습니다. 말씀을 믿지만, 그 믿음대로 현실이 바로바로 달라지는 것은 아니었습니다. 노아가 대표적입니다. 아직 이루어지지 않았지만, 하나님이 홍수 재앙을 말씀하셨기에 노아는 믿음으로 방주를 준비합니다. "믿음으로 노아는 아직 보이지 않는 일에 경고하심을 받아 경외함으로 방주를 준비하여 그 집을 구원하였으니 이로 말미암아 세상을 정죄하고 믿음을 따르는 의의 상속자가 되었느니라"(히 11:7).

노아의 때는 온 땅이 부패하고 패역했습니다(창 6:5, 11). 이 패역하고 부패한 상황에서도 노아는 하나님의 은혜를 입었습니다. 이는 하나님의 눈에서 은혜를 발견했다는 의미입니다. 하나님은 세상의 심판을 노아에게 알리셨고, 노아는 그 소식을 신실하게 전합니다.

하나님은 방주를 지으라고 명하십니다. 하나님은 이 땅의 멸망을 원치 않으셨지만 세상은 더 이상 하나님을 외면하고 따르지 않았습니다. 할 수 없이 하나님은, 새로운 질서를 세우셔야 했습니다.

그래서 노아에게 은혜를 베풀어 그를 당대의 의인으로, 하나님과 동행하는 완전한 자로 삼으셔서 이 구원의 계획, 방주를 짓도록 하신 것입니다. 노아는 이 하나님의 명령, 하나님의 뜻에 따라 백 년이 넘도록 외롭게 방주를 지었습니다.

백여 년이라니! 참으로 긴 세월입니다. 그 기간 내내, 방주를 짓던 노아의 심정을 헤아리기는 쉽지 않습니다. 하지만 노아는 믿음으로 그 명령을 따릅니다.

노아가 여호와께서 자기에게 명하신 대로 다 준행하였더라(창 7:5).

이 땅의 죄와 허물을 즉각 해결하지 않으시고 노아를 통해, 백여 년 동안 하나님과 날마다 동행하며 그 믿음을 완성하게 하신 것은 전혀 다른 결의 믿음입니다.

이처럼 믿음에는 바로 이루어지는 것과 오래 익혀두어야 하는 것이 있습니다. 우리에게는 이 두 종류의 믿음이 다 필요합니다. 즉각적인 임재를 통한 하나님 사랑을 경험하는 것도 필요하고, 평생에 걸쳐 완성해 가야 하는 '인생 사명'도 있습니다.

진짜 믿음은 성장한다

소백산 입구에는 울창한 나무들이 삼림을 이루고 있습니다. 잎도 넓고 해를 가릴 정도로 울창합니다. 그러나 중턱을 넘어서부터는 나무 군락의 종류가 확 바뀌는데 점점 가늘고 키가 길쭉하고 날카로워집니다. 그러다가 정상 부분에 오를수록 날씨는 추워지고 바람이 거세지면서 키가 작고, 밀집해 있고 껍질이 벗겨져 마치 죽은 나무처럼 보이는 군락이 등장합니다. 그 나무들을 주목(朱木)이라 합니다.

잘 성장한다면 10~20미터까지는 자랄 수 있는 녀석들인데, 산 정상은 바람이 강하고 일교차가 커서 열악한 상황이다 보니 나무들은 더는 크지 못하고 낮게 군락을 이룹니다. 주목은 희멀건 하고, 작고, 굽어 있어 볼품이 없습니다. 눈이 덮이면 장관이지만, 평소에는 웅장하고 거창한 모습은 아닙니다.

그런데 이 나무들 한가운데를 들어가 보면, 그 안에는 향기가 아주 짙고, 빽빽한 가지들이 들어찬 공간이 있어 쉬 통과하기 어려울 정도입니다. 산속 특유의 습한 냄새가 나무 향기와 잘 어우러져 나무가 생생히 살아 있고, 생명을 유지하고 있음을 알 수 있고, 위로는 자라지 못하지만 옆으로 끊임없이 뻗어가고 있는 것을 봅니다. 겉으로 보면 허옇게 죽은 나무 조각들이 군락을 이룬 듯 보이지만, 안으로 들어가 보면 새파랗게 살아 있습니다.

잔잔한 웃음으로, 언제나 누구에게나 한결같던 친구가 있었습니다. 상대의 어려운 사정 이야기를 듣고 난 뒤에 그는 항상 자기 일처럼 생각하고 적극 달려들었습니다. 그래서 사람들은 그를 좋아하고 반겼으며 금세 친구가 되었습니다. 어쩌다가 그의 기도를 들으면, 인생의 참 내공이 깊다고 느껴졌던 사람이었습니다.

그 친구는 과거에 사업하던 중에, 누군가의 모함에 자신의 실수가 더해져 큰 시련을 겪었습니다. 결국, 상대방에게 모든 것을 물어줘야 하는 억울한 일을 당하면서 인생 기반을 다 접은 후 고향 시골 마을에 새롭게 터를 잡게 되었습니다.

가까운 곳에 있던 작은 교회를 다니며 하나님을 만났고, 사업의 길도 새로 열려 이제는 자신의 인생 경험을 통해 다른 사람의 어려움에 진심으로 함께하는 사람이 되었습니다. 한참 어려움을 겪을 때, 원망과 분노와 살기가 마음을 채울 때도 있었지만 어느덧 그런 부정적인 것, 생명 아닌 생각과 마음을 물리쳤고, 그 자리에 하나님이 인생의 주인으로 오셨습니다.

인생에서 계속 시련과 고난을 만나면 누구나 한없이 작아지고 움츠러듭니다. 인생을 잘못 살아온 것 같은 자괴감이 뼛속 깊이 파고들어 살 소망이 사라지기도 합니다. 하지만 소백산의 주목나무 군락 안에 옹골찬 생명의 기운이 있었던 것처럼, 믿음은 우리 안에 한번 심기고 나면 멈추지 않고 끊임없이 자라고 퍼지고 뿌리내려 찬란한 생명의 모습을 드러냅니다.

주께 합당하게 행하여 범사에 기쁘시게 하고 모든 선한 일에 열매를 맺게 하시며 하나님을 아는 것에 자라게 하시고(골 1:10).

혹시 지금 내 신앙이 자라지 않는 것 같다면, 비록 작고 낮지만 생명의 기운이 내면에 가득하여 점점 더 믿음이 성장하는 과정인 것을 믿을 수 있길 바랍니다. 그 소망이 우리를 다시 일으켜 세웁니다. 우리 앞의 모든 환란과 역경을 다 이겨내게 합니다. 이렇게 날마다 조금씩 성장하여 내 삶의 주관자 되신 하나님, 주인 되신 그리스도 예수로 충만한 인생을 삽시다.

2장 재정비

인생의 두 번째 기회는 어떻게 오는가

1

생각의 회로가
바뀌면 질문이
달라집니다

．．．．．．

변두리에서 나타나는 역동적 영성

미국의 도로변을 지나다 보면 어느 도시나 예외 없이 곳곳에 대형 쇼핑몰이 들어서 있습니다. 우리나라도 예외가 아니지요. 그 안에서 모든 것을 해결하는 시스템을 갖추었지만 이 모든 것도 코로나로 한순간에 정지되었습니다. 집중과 집약에서 나오던 역동적 에너지가 순식간에 움츠러든 것입니다.

예능 프로그램도 많이 달라졌습니다. 모든 일상이 멈춰버리자 변두리로 밀려나 있던 사람들을 부각하는 기획이 신선했습니다. 문화·예술계 예능인들이 정성껏 준비해왔던 전시와 공연들이 취소되자, 개개인이 지닌 창의적이고 혁신적인 것, 잠재된 역량, 끼를 보여주며 서로 위로하는 시간으로 만들었습니다.

그동안 아카데미상, 빌보드 차트와 같은 거대 문화 영역, 대규모 상업적 감각에 익숙하다가 이토록 다양하고, 활력 있고, 생동감 있게 살아가는 모습을 주변에서 보며 하나님이 각자에게 주신 놀라운 재능과 가능성이 얼마나 대단한지 새삼 깨닫게 되었습니다.

과거에 중국에서 경험했던 인상 깊은 기억이 하나 있습니다. 새벽이나 저녁 시간이 되어 사람들이 어느 정도 모이기 시작하면 어느 동네든 예외 없이 군무가 펼쳐집니다. 비교적 넓은 곳에서는 여러 그룹이 팀을 이루어 운동하며 춤을 추는데 그들의 이런 문화에서 역동적인 에너지를 느낄 수 있었습니다.

그런데 한번은 그 광장 한쪽에서 젊은 그룹들이 전혀 다른 춤을 추고 있었습니다. 요란한 랩 음악과 함께 현란한 춤을 릴레이로 추기 시작했습니다. 광장 전체에서 느껴지던 일사불란한 광경을 보다가 그런 모습을 보니 귀엽기도 하고, 공안에 끌려갈 것 같아 염려스럽기도 했지요. 그 젊은이들의 모습이 오래 기억에 남습니다.

코로나 사태 이전에도 잠깐씩 떠올랐으나 이번에는 좀 더 깊이 생각한 것이 있습니다. 큰일을 이루려면 큰 규모의 힘이 뒷받침되어야 하고, 영향력을 키우려면 그만큼 실력이 필요하다는 말은 어느 정도 사실입니다. 조직 크기에 따라 할 일이 더 확장될 수 있으니까요. 그러나 큰 것, 집중화된 것이 우리를 위험하게 만들 수도 있음을 경험하면서 변두리, 빈 곳, 빈 들, 작은 것들을 생각하게 되었습니다.

교회도 마찬가지입니다. 지금까지는 크고 힘 있는 것이 이목을 끌었지만 지금 모든 교회는 예외 없이 빈자리, 빈 공간을 같은 마음으로 바라보고 있습니다. 백신과 치료제가 보급되면서 점점 회복은 되겠지만, 이후 하나님께서 교회를 어떻게 변화시켜 가실지 사회 제반 현상과 맞물려 기대와 동시에 두렵다는 생각이 듭니다.

하나님의 이런 원리가 잘 드러나는 곳이 있습니다. 고대 이스라엘의 가옥 양식을 보면, 우리의 옛날 집들과 비슷한 다락방이 있었습니다. 물론, 우리의 다락은 허드레 살림살이를 두는 곳이었지만, 그들의 다락방은 쓰임새가 다양했습니다. 솔로몬이 지은 다락방은 금으로 입히기도 했지요. 성경이 말하는 골방 혹은 다락방은 원래 기도 장소를 의미했습니다.

> 너는 기도할 때에 '네 골방'에 들어가 문을 닫고 은밀한 중에 계신 네 아버지께 기도하라 은밀한 중에 보시는 네 아버지께서 갚으시리라(마 6:6).

골방(다락방)은 구별된 곳이자, 은밀한 곳입니다. 오직 하나님과 일대일로 대면하는 곳입니다. 주님은 그곳에서 기도를 가르치십니다. 제자들은 예루살렘 성전이 아니라 골방으로 올라갑니다. 하나님을 향한 기도의 방으로 올라갑니다. 예수님은 진정한 영적 구심점은 골방이라고 말씀하셨기 때문입니다. 골방에서, 다락방에서 기도할 때 하나님 나라가 임합니다(마 6:10). 죄를 다스리고 이기게 하는 능력이 임하고, 우리는 하나님 나라의 권세와 영광 가운데 놓입니다. 그들이 기도에 힘썼을 때 약속하신 성령이 그들의 인생을 바꾸셨을 뿐 아니라 역사적으로도 새로운 시대를 여셨습니다.

또한, 이 골방에서 예수님은 제자들과 유월절 만찬을 나누십니다(눅 22:12). 떡과 잔을 나누십니다. 이는 예수 그리스도께서 자신을 내어주시고, 제자들은 그분을 먹고 마심으로 주님과 온전히 하나 되는 사건을 의미합니다. 예수님은 거기서 제자들의 발을 하나하나 씻겼습니다. 섬김의 실체를 보이시고 섬기는 삶을 가르치십니다. 그러므로 골방은 섬김의 방이기도 합니다.

작고 초라한 바로 그 방에서 기도하면 하나님 나라가, 새로운 세대가 열립니다. 작고 초라해도, 그곳에서 드리는 기도를 하나님이 받으시고 약속을 이루십니다. 그곳에서 예수님이 우리와 함께 먹고 마시며 발을 씻겨 주십니다. 그곳에서 새로운 인생, 새로운 세대를 시작하십니다.

'공간'(空間)은 아무것도 없는 빈자리라는 뜻이지만, 어떤 일이라도 일어날 수 있는 자리라는 의미도 됩니다. 오병이어의 기적도 빈들, 빈 공간에서 일어난 초자연적 사건이었습니다(눅 9:12). 이렇듯 우리에게 빈 공간을 두시고, 빈 시간을 허락하신 것을 보며 앞으로 이 공간을 무엇으로 채우실지, 어떤 새로운 일을 시작하실지 기대하게 됩니다.

그동안 우리는 자기 삶이 중심에 있기만을 소망했고 여기서 밀리면 큰일 날 것 같은 조바심도 있었습니다. 사실, 우리의 구원을 완성해가신 나사렛, 베들레헴, 골고다…. 이곳 모두 변두리였고 주님은 바로 그런 곳에 계셨습니다. 지금 내가 위치한 삶이 비록 변두리요, 중심에서 밀려나 있다 해도 바로 그곳이 새로운 힘, 역동적 능력을 키우는 시간이요 공간임을 깨닫습니다.

모두가 외면하는 변두리에서 이 나라, 이 사회를 세우고 미래를 준비하는 새 일, 새 사고, 새 가치, 새 세대가 일어나는 큰 물결을 보고 싶습니다. 비록 변두리에 섰더라도 하나님의 중심을 바라볼 수 있기를 바랍니다.

하나님의 방법은 다르다

종려주일을 맞아 예수님이 예루살렘으로 들어오셨습니다 (요 12:12-13). 흔들리는 나귀 등에 타고 오시는 예수, 겉옷을 벗어 길가에 펴고 종려나무 가지를 흔들고 있는 무리. 대중적 인기를 한몸에 받으며 대단한 환영 인파 속에서 입성하는 모습 같지만 세밀히 들여다보면 참으로 웃음이 나오는 장면이기도 합니다. 당시 권력자들이나 정치 지도자가 이런 광경을 보았다면 어린아이들의 소꿉놀이라고 여겼을지도 모릅니다.

철없는 아이들의 장난 같은 장면으로 열린 예수님의 십자가의 길. 이런 예수님의 모습은 생각하면 할수록 참으로 이해하기 어렵습니다. 그분이 지닌 능력과 하늘의 권세로 그 누구보다도 화려하게, 웅장하게 십자가 고난의 길을 수놓을 수도 있는데 말입니다. 단번에 사람들을 사로잡고 큰 권세와 능력으로 모든 것을 장악하고 다스리고 통치할 수 있었는데, 왜 이런 모습으로 등장해야 했을까요?

그러나 이 모습조차도 오래전 선지자가 예언한 모습 그대로였습니다. 특별한 목적을 지닌 이 장면은 사실, 매우 상징적이면서 중요한 시그널을 줍니다. 바로 이날부터 예고된 고난의 날이 본격적으로 시작됩니다.

세상을 바꾸는 것은 인간이 지닌 힘만으로는 불가능함을 주님도 아십니다. 어떤 법도, 권력도, 제도도 세상을 근본적으로 바꿀 수는 없습니다. 지난 수천 년 인류의 역사를 보아도 이는 진실입니다.

오히려 힘으로는 선보다는 악(惡)만을 쌓아왔습니다. 즉, 앞서 세워진 악을, 뒤에 부강해진 악이 쓰러뜨리고 무너뜨리고, 또 새로운 악이 앞섰던 그 악을 지배하고… 악이 악을 다스리는 구조가 되풀이되었을 뿐입니다.

그렇지만 하나님의 방법은 다릅니다. 하나님은 가장 약한 것에서 강한 것을 완성하십니다. 가장 초라한 것에서 부요한 것을 완성하십니다.

> 그러나 하나님께서 세상의 미련한 것들을 택하사 지혜 있는 자
> 들을 부끄럽게 하려 하시고 세상의 약한 것들을 택하사 강한 것
> 들을 부끄럽게 하려 하시며 하나님께서 세상의 천한 것들과 멸
> 시받는 것들과 없는 것들을 택하사 있는 것들을 폐하려 하시나
> 니(고전 1:27-28).

하나님은 남들은 고개를 돌리는 인간 밑바닥에서 가장 위대한 것을 길어 올리시는 분이십니다. 하나님은 세상 지혜와 명철에서 나온 것들이 얼마나 세상을 악하게 만드는지 보셨습니다. 그래서 다 폐하셨습니다(사 29:14).

오직 한 사람, 예수 그리스도에게 세상의 모든 악을 다스리는 권세를 주셨습니다. "그러나 인자가 세상에서 죄를 사하는 권능이 있는 줄을 너희로 알게 하려 하노라 하시고"(마 9:6).

세상이 우습다고 여기고 유치하다고 조롱하는 유약하고 연약해 보이는 그 모습이 악을 다스리는 권세요, 구원의 능력입니다(마 11:29).

저는 성격이 좀 급한 편입니다. 사람을 쉽게 믿기도 합니다. 급한 성격대로 일처리도 빠른 편이고, 사람을 잘 믿기에 도움을 주고받은 주변인도 많아서 그런지 세상에서는 저 같은 사람을 괜찮은 사람으로 보기도 합니다.

과거에 사회에서 회사를 다닐 때 한번은 이런 일이 있었습니

다. 자세히 살피지도 않고 서명한 서류가 잘못되어 내 힘으로는 도저히 해결할 수 없는 궁지에 몰린 것입니다. 담당자가 영리하고 평소 꼼꼼한 사람이라 별 의문 없이 서명한 것이 화근이었습니다.

큰 회사 하나가 부도가 났는데 미리 받은 보험증서를 첨부하여 보증보험사에 청구했으나 거절되었습니다. 해당년도 10월 30일까지가 보험 기한인데 10월 31일에 부도가 난 것입니다. 원래는 10월 말일까지 되어 있어야 했습니다.

보험사도 우리도 10월이 31일까지라는 사실을 놓친 것이고 이에 법적 공방이 4개월 넘게 이어졌습니다. 결국, 보험 기간 관례에 따라 1년으로 봐야 한다는 최종판결로 10월 31일 부도를 보험회사가 안게 되었습니다. 그 이후 보험 기간의 날짜가 중요해졌습니다.

그 기간은 제 인생에서 하나님께 가장 가까이 나아갔던 시간으로 기억되고 있습니다. 급하고 바람 같은 성격을 다듬어달라고, 신중하지 못한 성품을 고쳐달라고 기도하고 또 기도하며 도우심을 구했습니다.

그 기간에는 특별히 더욱 사람들에게 친절하게 대하고 퇴근 후 바로 집으로, 교회로 향했고 새벽기도를 포함한 모든 교회 활동에 열심을 다했습니다(그러면 하나님이 예쁘게 봐주신다고 믿었지요).

이 과정에서 주변 동료 8명이 의기투합하여 예수 믿고 교회 다닌다고 공개 선언하고는 신우회가 시작되었습니다. 그리고 문제가 해결되자 제가 보인 믿음의 배경은 무엇인지 주변에서 궁금해하기 시작했습니다. 지금 생각해도 입꼬리가 올라가는 사건입니다.

본질과 현실 문제, 두 마리 토끼 잡기

남유다 4대 여호사밧왕의 시대였습니다. 그는 하나님을 믿는 신앙을 기반으로 나라를 잘 다스려, 유다는 솔로몬 이후 최고 전성기를 맞이합니다. 북이스라엘 아합왕과 동맹을 맺는 실수를 범했지만 영적 지도자 예후의 지적을 받은 뒤 회개하며 국가 질서를 바로잡았습니다. 잘못한 것을 바로잡는 '새로 고침' 단추를 누른 것입니다.

오랜 세월 쌓이고 쌓여 잘못된 것을 그대로 두면, 관행으로 굳어집니다. 잘못이 잘못인지도 모르는 무지한 상태로 빠져듭니다. 이 '적폐'가 사회 곳곳에 쌓이면서, 아픔과 고통도 커져만 갔습니다. 고통을 느낀다는 것은 병들어 있다는 증거인데 고통을 느끼면서도 병든 것을 인정하지 못했습니다.

여호사밧이 인간적 판단으로 실수와 실패를 거듭할 때, 하나님은 선견자 예후를 통해 '새로 고침' 단추를 누르게 해주셨습니다. 여호사밧은 온 나라를 다시 하나님의 나라로 회복시킵니다. "여호사밧이 예루살렘에 살더니 다시 나가서 브엘세바에서

부터 에브라임 산지까지 민간에 두루 다니며 그들을 그들의 조상들의 하나님 여호와께로 돌아오게 하고"(대하 19:4).

그리고 또다시 적이 쳐들어오자 여호사밧은 이제 동맹국에 기대는 것을 멈추고 하나님께 엎드립니다. 하나님 앞에서 간절히 기도합니다.

> 여호사밧이 두려워하여 여호와께로 낯을 향하여 간구하고 온 유다 백성에게 금식하라 공포하매 유다 사람이 여호와께 도우심을 구하려 하여 유다 모든 성읍에서 모여와서 여호와께 간구하더라 … 만일 재앙이나 난리나 견책이나 전염병이나 기근이 우리에게 임하면 주의 이름이 이 성전에 있으니 우리가 이 성전 앞과 주 앞에 서서 이 환난 가운데에서 주께 부르짖은즉 들으시고 구원하시리라 하였나이다(대하 20:3-4, 9).

재앙이나 난리, 견책이든 전염병이나 기근이든, 또 어떤 고난이나 고통이든 주께 부르짖으면, 들으시고, 구원하십니다. 그런 뒤 여호사밧은 하나님을 찬양합니다(대하 20:21). 이스라엘 백성이 찬양하며 예배할 때, 적군끼리 서로 오해하여 자기들끼리 싸우다 진멸되고 말았습니다.

여호사밧 시대에 주신 영적 원리는 오늘 이 시대에도 여전히 통합니다. 현재 우리 삶에 닥친 시대적인 어려움, 또 우리가 당한 문제는 인간적, 세상적인 방법으로는 해결할 수 없기 때문입니다. 오직 하나님만을 구하고 예배하는 자에게 태평한 삶, 평강의 시대를 주십니다.

우리가 잘 아는 요한복음 5장, 베데스다 연못 이야기를 조금 다른 관점에서 보겠습니다.

그곳에는 많은 병자가 모여 있었습니다. 가끔 이 물에 천사가 내려와 물을 움직일 때, 가장 먼저 들어간 자에게 회복의 기회가 있다는 '신화'를 믿었기 때문입니다. 베데스다는 '자비의 집'이라는 뜻이었는데, 병자들은 자신에게도 그런 자비가 임할 것을 기대했습니다.

이곳에 예수 그리스도가 오셔서 38년 된 병자에게 다가가셨습니다. "아무도 나를 이곳에 넣어주는 사람이 없어 38년을 기다려 왔다"고 하소연하는 이 병자에게 예수님은 "일어나 자리를 들고 걸어가라"고 말씀하십니다(요 5:8).

스스로 아무것도 할 수 없고, 누구의 도움도 받을 수 없던 병자는 한순간에 완전히 회복되었습니다. 보통은 이렇게 기적적인 회복과 치유에 감사하며 이야기가 끝납니다. 그런데 사실 중요한 부분은 그다음입니다. 그 후 예수님은 이 병자를 성전에서 다시 만나셨습니다.

> 그 후에 예수께서 성전에서 그 사람을 만나 이르시되 보라 네가 나았으니 더 심한 것이 생기지 않게 다시는 죄를 범하지 말라 하시니(요 5:14).

이 38년 된 병자의 병, 스스로는 누구의 도움도 받을 수 없는 이 길고 깊은 병은 병자의 숨겨진 죄 때문이었습니다. 베데스다 연못에서 이 병자를 보시고 아신 예수님, 이 병의 근원을 아셨던 예수님은 먼저 그 삶의 현실적인 문제를 해결해주셨습니다. 그리고 회복된 다음 감사의 마음으로 성전에서 예배할 때 그가 죄를 다스려 회복된 삶을 유지하길 기대하셨습니다.

사람은 자기 잘못을 감추고 숨기기 바쁩니다. 죄의식에 사로잡힌 우리의 왜곡된 자아는 어떤 방법으로든 고통을 감추거나 피하려 합니다. 고통을 받을 때는 잠시 돌이켰다가, 사라지면 다시 원래 죄 된 자리로 돌아가는 게 우리 모습입니다.

예수님은 병든 인생들의 진짜 원인을 알고 계십니다. 그러나 그 병의 원인을 먼저 지적하고 정죄하지 않고 고장 난 삶을 회복시키신 후 병의 근원을 다스리셨습니다. 이것이 진정한 '자비'입니다.

힘든 상황을 만나면, 우리는 깊은 애통과 성찰과 회개하는 마음으로 자신을 돌아보기도 합니다. 그러나 이 고통의 시간이 지나가면 언제 그랬냐는 듯 다시 원래의 죄 된 일상으로 돌아가기 쉽습니다.

'자비의 집'이라고 부르던 그곳에는 역설적으로 자비가 없었습니다. 가장 먼저 들어가 병이 나은 그 사람만 빼놓고는 모두 자비를 경험하지 못했습니다. 그러나 예수님 안에서 모든 사람은 예외 없이 이 자비를 누립니다. 골라서 누릴 수 있는 자비가 아니라, 회개하고 마음을 돌이키는 모든 사람이 같은 자비를 누릴 수 있습니다.

하나님이 드러내신 문제는 그분이 책임지고 고쳐주십니다. 다만, 우리의 순종과 결심이 필요합니다. 육신의 질병에 대한 두려움도, 이 사태로 인한 걱정과 염려도 주님께 맡겨보십시다.

2

존재를
변화시키는
5가지 만남

침묵과의 만남

예수님의 공생애는 성령의 임재로 시작되었습니다. 예수님이 세례를 받고, 강에서 올라오는 순간 하늘이 열렸습니다. 그 하나님 나라에서 성령이 비둘기같이 임하시고 음성이 들렸습니다. 하나님의 구원 사역, 공생애 사역은 이렇듯 성령의 임재로 시작되었습니다.

또한, 예수님은 이 세상을 지배하던 거짓과 마귀의 세력들을 말씀으로 거꾸러뜨렸습니다. 우리는 어쩔 수 없이 생존의 문제를 끌어안고 살 수밖에 없습니다. 그리고 생존의 문제는 탐욕의 문제와 끈끈하게 연결되어 있습니다.

이러한 탐욕의 문제를 지배하는 것이 바로 거짓 세력입니다.

예수님에게도 인간 생존의 문제, 명예욕, 현실의 욕망을 제시했는데, '네가 이것을 행하면, 나를 섬기면 다 해결해주겠다'라는 거짓말로 예수님을 유혹했습니다.

그러나 예수님은 말씀으로 모든 유혹을 물리치고 마귀의 세력을 꾸짖으셨습니다. 유혹을 이겨낸 후에야 예수님의 사역이 시작되었습니다.

예수님의 말씀에는 악한 자, 마귀의 힘을 꺾고 무너진 인생을 온전케 하는 능력이 있었고, 나아가 세상의 아픔과 고통을 치유하는 능력이 있었습니다. 그러다 보니 많은 사람이 따르고, 가는 곳마다 환호성이었으며, 그분의 옷자락만이라도 만지려는 사람들로 가득했습니다. 예수님의 공생애 내내 말씀의 능력과 성령의 역사가 끊이지 않았습니다.

오병이어 사건 이후 사람들은 예수를 경제 문제와 정치 문제를 해결할 참 선지자로 여기고, 왕으로 추대하려 했습니다.

> 그러므로 예수께서 그들이 와서 자기를 억지로 붙들어 임금으로 삼으려는 줄 아시고 다시 혼자 산으로 떠나가시니라(요 6:15).

주님은 일해야 할 때와 떠나야 할 때를 정확하게 아셨습니다. 그 뜨거운 환호성과 지지를 뒤로하고 다시 혼자가 되셨습니다. 침묵의 시간 속으로 다시 들어오십니다. 사방에 아무것도 없는, 세상의 모든 환호성도 칭찬도 위협도 염려도 두려움도 걱정도 어떤 소망도 기대도 다 내려놓고 오직 아버지 하나님과 독대하는 침묵의 시간을 가지셨습니다.

우리는 말씀을 세밀히 살펴보면, 예수님 사역의 시작과 끝이 모두 침묵으로 열리고 침묵으로 닫히는 것을 알 수 있습니다. 세상의 아우성과 영향력이 힘을 발휘하지 못하는 곳으로 오셔서 하나님과 독대하는 시간이 바로 기도의 시간이었습니다. 이 시간에 예수님은 내면의 소리를 듣고 이 땅에 자신을 보내신 하나님과 끊임없이 대화하였습니다.

이때에 예수께서 기도하시러 산으로 가사 밤이 새도록 하나님께 기도하시고(눅 6:12).

이 침묵의 시간을 보내시고 난 후 제자들을 세우십니다(눅 6:13). 또한, 이 침묵의 영성으로 하나님과 시간을 보내신 후 복음을 전하러 가십니다(막 1:35). 이렇듯 예수께서 행하신 사역의 능력은 하나님과 독대하는 침묵의 시간에서 출발합니다.

물론 예수님은 사람들의 마음, 삶의 태도를 아셨습니다. 기적으로 인한 환호가 곧 조롱과 멸시로 바뀌고, 그 손에 돌이 들릴 것도 아셨습니다. 그래서 세상의 모든 소리를 뒤로하고 오직 하나님과만 함께하는 고독의 시간, 침묵의 시간을 우선하셨습니다. 이 시간이 있었기에 어쩌면 주님의 능력 있는 사역이 가능했다고 해도 과언이 아닙니다.

성장하는 모든 것에는 반드시 긴 침묵의 시간이 필요합니다. 열매를 맺을 만한 에너지를 응축해야 하기 때문입니다. 하나님과의 관계에서 침묵은 바로 하나님과 대면하는 시간을 의미합니다.

나의 주장과 생각이 하나님의 인도하심을 앞서지는 않았는지 깊은 침묵의 시간에 헤아릴 수 있습니다. 그분 앞에서 내 모든 삶을 아뢰고 주의 뜻을 구하는 것, 이것이 진정한 침묵이요 세상과 구분된 영적인 삶을 말해줍니다.

이태원 골목 끝에는 이슬람 사원이 우뚝 서 있고 주변은 동성애클럽이 모여 있습니다. 그 앞길을 지나 500미터쯤 가면 저의 중보기도처가 있습니다.

아담한 지하방에 기도실이 마련되어 있습니다. 왠지 하나님께서 제게 '침묵'을 원하신다는 마음이 들어 그곳을 찾았고, 침묵 가운데 말이 아니라 글로 하나님과 마음을 나누었습니다. 이 책에 담긴 원고는 이렇게 시작되었습니다.

말로 하다 보면 말주변이 앞서는 것 같아 글로 옮겼더니 말은 복잡한데 글은 단순하다는 생각이 들었습니다. 침묵은 생각을 만들어내고 글은 생각을 정리하게 해주었습니다. 침묵은 나를 들여다보게 하고 글은 하나님의 생각을 나누게 해주었습니다. 구약 시대, 하나님께서 그토록 반복하고 반복해서 말씀하셨는데 듣지 않자 선지자들을 통해 기록으로 남기신 것은 아닌가 하는 생각도 들었습니다.

고난과의 만남

살아가면서 힘들고 어려운 일을 만나면 우리는 고난을 당한 다고 말합니다. 苦難. 쓸 고, 어려울 난. 쓰디쓴 어려움 가운데 있을 때 우리는 고난을 겪는다고 합니다. 성경에서도 고난을 이야기하면서 '담즙, 쓸개, 쓰다'와 같은 표현을 사용합니다.

고난은 여러 경로를 통해 옵니다. 내 잘못과 실수, 허물로 인 할 때도 있지만, 한편으로는 타인의 잘못과 탐욕 때문에 찾아오 기도 합니다. 내 잘못이든, 누군가의 탐욕과 허물로 인해서든 우리는 마치 피할 수 없는 숙명처럼 고난을 만납니다.

예수님에게도 운명과도 같은 고난이 있었습니다. 좁게는 십 자가 고난이 있었고, 넓게는 이 땅에서 인간으로 살아가셨던 전 생애가 고난 자체였습니다.

특히 예수님의 십자가에는 인간이 겪는 정신적이고 육체적 인 고통이 응집해 있습니다. 그분이 감당하셔야 했던 사람들의 죄의 무게에 더해, 제사장과 바리새인의 종교적인 위선, 환호 하던 백성의 배신, 충성을 외쳤던 제자들의 비겁한 외면, 빌라 도의 정직하지 못한 태도, 로마의 폭력 등이 모두 합력해서 예 수님을 십자가의 길로 떠밀었습니다. 이 아픔과 고통의 무게는 인간의 한계를 뛰어넘고 상상조차 하기 힘들 정도입니다.

예수님은 이렇게 압도적인 무게의 고난을 어떻게 기꺼이 질 수 있었을까요? 이는 주님께서 그 고난의 한가운데로 직접 들어가셨기 때문입니다. 고난을 고난으로 돌파하셨습니다.

고난은 현실입니다. 우리는 예수 믿으면 고생은 끝나고 탄탄대로가 펼쳐지면 얼마나 좋을까 생각합니다. 하지만 누구도 고난을 피할 수 없습니다. 고난이라는 현실은 해석이나 변명으로도 해결이 안 되며, 피할 수도 없습니다. 각 사람 몫으로 주어진 고난의 시간이 가득 차고, 그 고난을 통해 하나님의 사람으로 조금이라도 성장해야 하나님은 다음 단계로 넘어가십니다.

우리에게 주어진 고난을 이기는 유일한 방법은 그 고난을 끌어안고 정면으로 돌파하는 것뿐입니다. 고난에 짓눌려 자꾸만 원망하지 말고, 고난의 문제를 피해 달아나지 말고 정면으로 마주해야 합니다. 그러면 고난이 피해 갑니다. 내가 죽기로 결정하고 버티어 서면 고난이 슬슬 피해 갑니다. 죽기로 하면 무엇이 두렵겠습니까? 내가 모든 것을 포기할 때, 두려움이 아닌 평안이 찾아옵니다.

예수님은 스스로 고난, 곧 죽음을 받아들이셨습니다. 멸시와 조롱을 그대로 받으셨습니다. 오히려 자신을 그 고난으로 내몬 사람들을 위해서도 기도하셨습니다.

예수님은 자신의 모든 것을 포기하셨습니다. 그리고 십자가를 지셨습니다. 그 십자가는 결국 우리의 모든 죄와 허물을 소멸시켰습니다. 이것이 고난을 돌파하는 유일한 통로입니다.

고난과 직면한다는 것, 고난과 맞부딪친다는 것, 그것은 바로 예수의 십자가를 함께 지는 것입니다. 고난의 십자가를 내

신앙의 중심으로 받아들이는 것입니다.

예수님은 고난의 절정에서 외치셨습니다. "제구시쯤에 예수
께서 크게 소리 질러 이르시되 엘리 엘리 라마 사박다니 하시니
이는 곧 나의 하나님, 나의 하나님, 어찌하여 나를 버리셨나이
까 하는 뜻이라"(마 27:46).

아버지 하나님은 아들의 고통을 외면하신 것이 아니라, 인류
의 죄와 고통을 감당하시려고 예수님을 기꺼이 내어주신 것입
니다. 그러므로 예수님의 고난은 우리의 죄로 인한 모든 고통
을 죽이는 효력이 있습니다. 또한 예수님의 고난은 우리의 모
든 삶을 회복시키는 능력이기도 합니다.

> 그는 실로 우리의 질고를 지고 우리의 슬픔을 당하였거늘 우리
> 는 생각하기를 그는 징벌을 받아 하나님께 맞으며 고난을 당한
> 다 하였노라 그가 찔림은 우리의 허물 때문이요 그가 상함은 우
> 리의 죄악 때문이라 그가 징계를 받으므로 우리는 평화를 누리
> 고 그가 채찍에 맞으므로 우리는 나음을 받았도다 우리는 다 양
> 같아서 그릇 행하여 각기 제 길로 갔거늘 여호와께서는 우리 모
> 두의 죄악을 그에게 담당시키셨도다(사 53:4-6).

이제 더 이상 고난의 문제와 씨름하지 마십시오. 물론 현실은
더욱 강하게 압박하겠지만 고난의 주인되어 우리를 감싸 안으
신 예수님의 십자가를 다시 붙들고 외치십시오.

예수님이 우리의 고난의 삶을 대신 짊어지셨도다.
우리가 다 평안을 누리고 나음을 입었도다.

이 믿음의 고백으로 내게 주어진 고난의 삶을 돌파해갑시다.

부활과의 만남

보통, 사람이 죽으면 삼일장을 치릅니다. 장례 절차상 여러 형편을 고려한 기간이겠지만, 원래는 몸을 떠난 넋이 혹시 다시 돌아오지 않을까 하는 기대로 3일을 기다리는 것이라고 합니다. 물론 그런 일은 결코 일어난 적이 없습니다.

인간의 언어 중, 가장 이해하고 공감하기 어려운 말 중 하나가 이 '부활'(復活)이라는 단어일 것입니다. 다시 사는 것이 부활입니다. 부활이라는 말은 존재하지만, 실제로 인간이 직접 체험했거나 상세히 기록된 바가 없기에 낯설기만 합니다. 사람들은 '과연 실제로 부활이란 게 있는 걸까?' 하고 의심합니다. 그러나 성경은 명명백백하게 부활을 이야기합니다.

> 예수께서 이르시되 나는 부활이요 생명이니 나를 믿는 자는 죽어도 살겠고 무릇 살아서 나를 믿는 자는 영원히 죽지 아니하리니 이것을 네가 믿느냐(요 11:25-26).

84

예수의 부활에 대해 많은 학자는 십자가의 고통이 너무 극심하여 잠시 의식을 잃었다가 다시 돌아온 것이라고 말합니다. 머리로는 이해가 되지 않고, 이성과 지성으로 동의하기 어려워 그런 이론을 생각해냅니다. 부활은 인간의 모든 지식을 총동원하더라도 풀리지 않는 영역입니다. 이것은 하나님의 능력으로만 가능한 일이기 때문입니다. 그래서 부활을 믿지 못하는 인생을 향해 예수님은 재차 말씀하십니다. "곧 살아 있는 자라 내가 전에 죽었었노라 볼지어다 이제 세세토록 살아 있어 사망과 음부의 열쇠를 가졌노니"(계 1:18).

일반적으로 사람들은 생명으로 태어나 죽음으로 끝난다고 생각합니다. 그러나 성경은 우리 인생이 생명으로 시작하고 생명으로 이어진다고 말합니다. 생물학적으로는 죽지만, 그것이 결코 우리 인생의 마지막은 아닙니다. 믿는 자들의 죽음은 부활로 이어지기 때문입니다. 그래서 예수님은 강조하십니다. "이것을 네가 믿느냐?"

모든 피조물은 생존 본능과 생명 번식 방법을 따라 살아갑니다. 그러다가 때가 되면 죽음에 이릅니다. 그러나 믿는 이들은, 겉으로는 믿지 않는 이와 동일한 생존 방식을 따르지만, 죽음으로 인생을 마무리하지 않습니다. 부활로 연결되어 다시 생명으로 이어집니다.

죽음에 대해 우리는 비교적 잘 압니다. 죽음은 무섭고 두렵고 공포 그 자체입니다. 죽음 이후에 돌아온 사람은 아무도 없기 때문입니다. 성경에서는 인간의 죄의 결과로 죽음이 왔다고 말합니다(롬 5:12).

하지만 우리는 하나님의 생명을 입었습니다. 흙으로 빚어진 인생에게 하나님의 생기, 호흡을 불어넣으셔서 영적인 존재로 살아가게 하셨습니다. 살아 계신 하나님과 생명의 호흡으로 끊임없이 소통하면서 생명력을 나타내는 존재를 성경은 '생령'이라고 표현합니다. 하나님과 더 깊고 강력한 관계를 맺도록 지음받은 존재라는 뜻입니다.

인간의 시작은 생명이었으나, 불순종한 인간은 결국엔 그 지음받은 흙으로 돌아가야 하는 존재가 되었습니다. 하지만 하나님은 모든 인생이 그렇게 살다가 삶을 끝내기를 원치 않으셨습니다. 또다시 새로운 창조, 재창조, 생명의 부활을 계획하시고, 부활이요 생명이신 예수 그리스도를 이 땅에 보내주셨습니다.

이 예수님을 믿는 자마다 모든 사망권세를 이기고 죽음을 이겨낸 부활 생명의 능력을 덧입을 수 있게 허락하셨습니다. 공생애 당시에도 모든 죽은 것, 죽어가는 것들이 생명이신 예수, 부활이신 예수를 만나면 다시 살아났습니다. 죽음에 종노릇하는 인생, 의미와 목적을 잃고 마음이 죽어버린 이들에게 예수님이 다가오시면, 죽은 것 같았던 나무에 꽃이 피듯이 다시 회복되었습니다. 예수 생명이 우리에게 들어오면, 막막한 인생들을 다시 살려내십니다. 바울도 그 능력을 몸소 체험하고 감격적으로 이렇게 외칩니다.

예수를 죽은 자 가운데서 살리신 이의 영이 너희 안에 거하시면 그리스도 예수를 죽은 자 가운데서 살리신 이가 너희 안에 거하시는 그의 영으로 말미암아 너희 죽을 몸도 살리시리라(롬 8:11).

부활의 권능은 창조주께 있습니다. 그리고 예수 그리스도를 통해 부활 생명의 권능을 나타내셨습니다. 그 성령께서 지금도 우리를 살려내고 계십니다. 부활은 사망 권세를 깨뜨리는 능력입니다. 죽음이 깨지면 거기에 생명이 들어갑니다. 죄에 대한 승리, 죄를 완전히 소멸시켜 죽음에 이르게 한 세력을 다 물리치신 것입니다. "사망아 너의 승리가 어디 있느냐 사망아 네가 쏘는 것이 어디 있느냐"(고전 15:55).

예수님이 십자가를 지신 이유는 죄와 사망에서 우리를 구하시려는 것이었고 예수님이 부활하신 이유는 제자들이 지식으로만 알고 있었던 부활의 생명력이 삶에 능력으로 나타나게 하려는 것이었습니다.

그 부활의 생명력이 나에게도 나타나길 바랍니다. 예수님이 죽음에게 명하시면 죽음은 더 이상 우리 삶에 영향을 미칠 수 없습니다. 우리 모두에게 부활의 능력, 부활의 승리, 부활의 영광이 나타나길 원합니다. 예수님이 삶의 모든 영역에서 우리 믿음의 고백이 되고, 우리 인생을 새롭게 하시는 능력으로 임하길 바랍니다. 어떤 상황에서도 두려워하지 마십시오. 부활의 예수님이 말씀하십니다.

이날 곧 안식 후 첫날 저녁 때에 제자들이 유대인들을 두려워하
여 모인 곳의 문들을 닫았더니 예수께서 오사 가운데 서서 이르
시되 너희에게 평강이 있을지어다(요 20:19).

'샬롬(평강)'은 사망을 이기는 능력입니다. 죽음과 같은 상황
이 내 삶을 욱여싸고 억압하더라도 두려워하지 않을 것은 부활
이요 생명이신 예수님이 나와 함께하시고, 내 인생과 같이 가시
며, 나의 고백 가운데 계시기 때문입니다.

비전과의 만남

예수님이 부활하신 후 40일 동안 이 땅에 머무신 특별한 이
유가 있습니다. 부활을 보고도 아직 믿지 못하는 제자들을 향
해 그들을 부르신 목적을 다시 세우시려고 하신 것입니다. 그
래서 부활하신 예수님이 40일 동안 주로 하신 일은 제자들을
위로하고 그들에게 말씀하셨던 진리를 다지면서 부활 생명의
실체를 믿도록 도우신 것이었습니다.

예수님의 십자가 죽음 앞에서 자신의 목숨을 보존하려고 달
아나고 숨어버렸던 제자들은 어떤 자들이었습니까? 지난 3년
간 예수님이 하신 수많은 말씀과 일으키신 기적, 여러 생명을
직접 살리시는 것까지 목격하지 않았습니까? 예수의 음성을 직

접 들고 뵙고 만지고 함께 먹고 자고 했던, 대부분 시간을 함께 했던 자들입니다.

그러나 그 시간들이 과연 어디로 가버렸는지 예수님이 다시 살아나신 것을 보고도 믿지 못했던 것입니다. 제자들과 함께 계실 때 당신께서 십자가에 못 박혀 죽으시고, 3일 만에 다시 살아날 것을 거듭 강조했지만, 제자들은 다 흘려들었습니다.

그런 그들을 향해 예수님은 그리스도 예수를 다 알지 못하더라도 그분을 신뢰함으로써 믿는 사람들은 더 복되다고 말씀하십니다. "너는 나를 본 고로 믿느냐 보지 못하고 믿는 자들은 복되도다 하시니라"(요 20:29).

예수님은 이들을 다시 세우십니다. 다시 갈릴리로 떠나는 제자들, 부활의 예수를 만나고도 부활의 축복을 받고도 생업과 생존의 자리로 다시 돌아가는 제자들… 부활의 능력, 부활의 축복보다 오늘 내게 주어진 현실의 삶이 더 크고 중요하게 보이는 제자들, 그래서 다시 갈릴리로 떠난 제자들에게 주님은 다시 찾아오십니다.

주님을 다시 만났지만 아무도 먼저 입을 열지 못합니다(요 21:12). 예수님이 체포당하는 순간 가장 용감하게 칼을 들었던 베드로, 그러나 예수님이 붙들려 가신 다음 누군가가 예수의 제자라고 확인하자 세 번이나 강력 부인하고 저주까지 했던 베드로…. 예수님과 함께 식탁을 나누는 자리에서 제자들은 어떤 말도 할 수 없었습니다. 이런 베드로와 제자들에게 예수님은 도전하십니다. 그들을 대표해 베드로에게 강하게 물으십니다.

"네가 나를 사랑하느냐?"

베드로가 대답합니다.

"네 그렇습니다." "네! 그렇습니다!" "그렇습니다. 주님!"

악과 죽음을 깨뜨리는 일을 십자가에서 이루신 예수님, 부활하여 영생과 생명의 길을 여신 그분이 세상에 남은 제자들에게 갈릴리 바다까지 찾아오셔서 부탁하십니다.

"내가 이 세상을 너희에게 맡기노라."

40일이라는 한정된 시간 동안 예수님은 제자들과 동행하시며 그들을 부르신 이유, 앞으로 살아갈 미래를 향한 계획이 무엇인지를 다시 알게 하셨습니다. 그들에게 '살아갈 이유'를 주신 것입니다. 사복음서에서 제자들은 한결같이 증언합니다.

내가 너희에게 분부한 모든 것을 가르쳐 지키게 하라(마 28:20).

너희는 온 천하에 다니며 만민에게 복음을 전파하라(막 16:15).

너희는 이 모든 일의 증인이라(눅 24:48).

나를 따르라 하시니(요 21:19).

우리에게는 부활의 예수 그리스도가 주신 평안이 있습니다. 사명이 있습니다. 권위가 있습니다. 이 모든 영적 축복이 우리 인생에 축복의 근원으로 자리합니다.

또한, 예수님은 우리를 세워주시고자 이 땅을 맡기셨습니다.

우리 삶에 주어진 책임에 최선을 다할 때 "세상은 너희 것이다. 이제 이 땅을 다스리고 충만하라"라고 도전하십니다. 이 명령을 삶의 모든 영역에서 완성해가길 바랍니다.

예수와의 만남

예수님에게는 놀라운 비밀이 있습니다. 예수님을 만나면 반드시 달라진다는 것입니다. 예수님을 만난다는 것은 예수님 안에 거하는 것을 말합니다. "너희가 내 안에 거하고 내 말이 너희 안에 거하면 무엇이든지 원하는 대로 구하라 그리하면 이루리라"(요 15:7).

그리고 거한다는 것은 하나 된다는 말과 같습니다. 서로를 향한 마음이, 인격 전체가 하나 되는 것입니다. 이처럼 신앙은 머리뿐 아니라 가슴, 삶이 전인격적으로 하나가 되는 것을 말합니다. 예수님과 하나가 된 인생에게는 놀라운 역사가 시작됩니다. 사람은 지식과 정보를 잔뜩 얻었다 해도 쉽게 바뀌지 않습니다. 오히려 더 복잡해지고 내면의 갈등만 커집니다.

예수의 영, 성령님은 살리는 영입니다. 이 영이 우리 안에 거하시면 우리도 생명의 능력을 나타낼 수 있게 됩니다. 예수님의 공생애가 시작될 때 하늘 문이 열렸습니다. 이는 주께서 하늘의 주인 되신 하나님과 소통하셨다는 것을 말합니다. 하늘의 뜻이 이 땅 가운데 임한 것을 말해줍니다. 성령께서 거룩한 임재로 예수님에게 임하면서 예수님의 공생애는 시작되었고, 공생애 내내 놀라운 기적이 일어났습니다.

하나님이 나사렛 예수에게 성령과 능력을 기름 붓듯 하셨으매 그가 두루 다니시며 선한 일을 행하시고 마귀에게 눌린 모든 사람을 고치셨으니 이는 하나님이 함께하셨음이라(행 10:38).

세상에 생명의 능력이 나타나는 통로가 되셨습니다. "하늘로부터 소리가 있어 말씀하시되 이는 내 사랑하는 아들이요 내 기뻐하는 자라 하시니라"(마 3:17). 하나님이 함께하는 증거를 보여줍니다. 이 음성을 통해, 하늘의 뜻, 하나님의 뜻이 예수의 영, 성령님을 통하여 이 땅 가운데 생명의 능력으로 나타나기 시작한 것입니다.

예수님은 우리와 함께하기를 간절히 원하십니다. 예수님은 이 땅을 떠나시며 "내가 너희에게 보혜사 성령을 보내주리라"고 약속하셨습니다(요 15:26). 보혜사는 우리와 함께하시는 예수의 영으로, 곧 예수님이 영으로 우리 인생과 함께하심을 말합니다.

매일 그리스도 예수와 동행하고, 매일의 인생에 성령님이 함께하실 때, 우리 인생에는 놀라운 변화가 일어납니다. 아무 목적도, 의미도 없이 주어진 그날그날을 살아오던 우리 인생에 하늘 문이 열리고 성령이 물 붓듯이 부어져 거룩한 생명의 능력을 나타내는 거룩한 존재가 됩니다.

이때, 어떤 장애도 고난도 역경도 절대 우리에게 그 영향력을 행사할 수 없습니다. 성령의 역사는 누구도 방해할 수 없습니다. 하나님의 큰일은 누구도 저항할 수 없습니다. 그래서 우리는 모두 기적의 주인공이 됩니다. 모든 병든 것과 약한 것을 고치고 죽은 자까지도 살려내는 능력을 소유합니다.

얼마나 그리워하고 사모하던 일입니까? 성령님을 사모하십시오. 그리스도 예수가 내 인생의 주인 되길 사모하십시오. 이 어려운 환경과 시대에 유일한 대안은 '성령의 사람들', 즉 그리스도 예수의 사람들입니다. 우리 모두 성령의 권능으로 변화되어 이 어려운 시대를 이겨낼 뿐만 아니라 이 시대를 다시 생명의 능력으로 살려내게 되길 바랍니다.

3

네가 할 수 있는
것만 해라,
나머진 내가 한다

· · · · · ·

부르심을 따르면 길은 그분이 여십니다

후배의 전도로 온누리교회 예배에 참석했습니다. 거기에서
하용조 목사님을 만났고, 그분의 요청에 따라 본격적으로 사역
을 시작했습니다. 처음에는 교회 전문 사역자로 들어갔는데,
시간이 좀 지나서 하 목사님의 권유로 일과 공부를 병행하며 목
회자가 되었습니다.

그때가 40대 중반이었습니다. 당시에는 정말 가리지 않고
아무것이나 다 했습니다. 온누리교회 프로그램들을 좀 더 목회
적으로 나누자는 마음에서 OMC(Onnuri Ministry Celebration)라는
프로젝트를 시작했는데, 기획 및 실행을 담당하게 됐습니다.
이런 일은 정말 오만 가지를 신경 써야 했습니다. 조명, 음향,

출연자 섭외, 프로그램 큐시트 짜는 것 등등 쉽게 얘기하면 피디가 되어야 하는데, 이전 직장에서 유사한 일들을 했습니다. 하나님이 그걸 그대로 쓰시는 것을 보면서 참 신기했습니다. 사실 옛날 연예인들 섭외가 쉬운 일이 아닙니다. 그런데 관계를 통해 연결하면 섭외가 되었습니다.

이처럼 제 목회는 일반적인 단계를 밟지 않았고 이런 사회 경험이 하 목사님 눈에 띄어 시작되었습니다. 그러다가 목사님이 어느 날 저를 불러서는 "박 목사, 이제 외국 가서 학위를 좀 따는 게 좋겠습니다" 하고 조언하셨습니다. 교회의 목회 방향을 볼 때 좀 더 그릇을 넓히는 게 필요하다고 보신 거지요. 그래서 2년 예정으로 풀러신학교로 가기로 결정했습니다. 그리고 LA에 있던 한 친구는 제가 살 집도 마련해주었습니다. 자기가 타던 차도 물려주기로 하고 준비도 다 끝낸 상황에서 내일모레 출국만 남았던 때였습니다.

그런데 다시 하 목사님이 부르십니다. 그래서 부랴부랴 갔더니 장로님들과 함께 계시다가 제게 수표를 건네십니다. 보니까 17억 원이 넘는 돈이었습니다. 처음 접하는 액수였습니다. 알고 보니 어떤 사업가가 당시에 인터넷으로 국가 간 무료로 국제전화를 쓸 수 있는 프로그램을 개발했는데 이걸 상장해 대박이 난 것이었습니다. 이분이 갑자기 큰돈이 생기니깐 덜컥 겁이 나서 십일조를 떼서 헌금했습니다. 정확히는 인터넷과 미디어를 통한 선교에 써달라고 목적성 헌금을 한 것이었습니다.

결국, 유학 준비까지 모두 마친 상황에서 교회의 요청에 순종해 다시 교회 사역에 매진하기로 했습니다.

그때만 해도 야후(Yahoo)가 메이저 플랫폼이던 시절입니다. 하 목사님은 저에게 그 돈을 주면서 "마음껏 써서 방송 만들어 내 봐요" 하셨습니다. 하지만 교회 안에서는 관련 분야 전문가를 찾기 힘든 시절이었습니다.

어느 날 새벽 기도 끝나고 나서 답답해 식당에 내려갔는데, 거기에 청년 여섯 명이 앉아 있었습니다. 그들에게 무슨 일을 하는지 물었더니 웹 기획, 웹 마스터, 웹디자인 회사에 다니는 것이었습니다. 알고 보니 그들은 깨끗한 인터넷 환경을 위해 관련 직장에 다니면서 중보기도를 해온 인터넷 전문가들이었습니다.

그래서 앉혀놓고 비전을 쏟아부었더니 그 자리에서 두 명이 헌신했습니다. 그리고 나중엔 나머지 네 명도 동참했습니다. 당시에도 고액 연봉자들이었습니다. 지금 받는 연봉의 반도 못 주는데도 왜 하려는지 물었더니, 하나님의 일을 하게 해달라고 늘 기도해왔는데, 이제는 실천할 때가 됐다는 확신이 왔다는 것이었습니다. "목사님이 좋아서 그러는 거 절대 아닙니다" 하면서 자기들 안에 감동이 있어서라고 몇 번이나 강조했습니다.

그렇게 해서 인터넷 방송을 시작했습니다. 이 전문가들이 달려들어 2주를 고생하니 홈페이지가 만들어지고 동영상을 걸 수 있는 시스템까지 완성되었습니다. 그런데 인터넷 환경을 모르니까 (내가 아는 건 제작이라) 열심히 콘텐츠를 찍어 동영상으로 올리는 일에 집중했습니다. 아마 제가 인터넷을 좀 더 많이 알았더라면 포털로 방향을 잡았을지도 모릅니다.

그랬더니 당시 대형 인터넷 회사의 이사 한 분이 저를 찾아와, 돈은 이렇게 쓰는 게 아니라고 조언했습니다. 그때만 해도 인터넷 환경 시스템 구축 및 운영 비용이 꽤 비쌌거든요. 외부 기관에 의뢰해 서버를 빌려야 하는데, 그 비용이 만만치 않았습니다. 그분 이야기도 수긍했지만 대안이 없었습니다. 그래서 어쩔 수 없이 동영상을 계속 찍어 올렸습니다.

그렇게 2년 반을 했는데도 일본이나 미국을 가보니 인터넷 환경이 좋지 않아 열리지 않는 데가 많았습니다. 심지어 뉴욕이나 동경에서도 그랬습니다. 열심히 영상 제작을 했어도 기술적으로 받쳐주질 못해 무용지물이었습니다.

'아, 이거 큰일 났구나.' 너무 앞서간 겁니다. 다시 포털로 돌아가야 하나, 고민에 고민을 거듭하는데 당시 위성 사업자 한 명이 위성을 사용해보자고 제안해왔습니다. 위성 통신사 책임자를 만난 자리에서, 그분들이 무궁화 위성 2호를 샀는데 그 다양한 채널들이 다 놀고 있다는 말을 들었습니다. 1년 동안 빌려줄 테니까 한번 써보라고 해서 시작했습니다.

위성을 열었는데 동영상이 없었다면 의미가 없었을 텐데 이제 편성표만 짜면 되었습니다. 바꾸는 데 3~4일도 걸리지 않았습니다. 이런 과정을 되돌아보면 일종의 '신비'라는 생각이 들 정도입니다. 하나님은 정말 지혜 없는 자를 사용하셔서 이 일을 하셨습니다.

또 다른 문제도 있었습니다. 애써 콘텐츠를 만들고 위성으로 송신할 준비도 끝났지만 수신할 길이 없었습니다. 그때 가정용으로는 70인치짜리 수신 장치가 있었습니다. 전 교인에게 광고해서 선교적 비전으로 이끌어냈습니다. 한 사람당 한계좌, 안테나 하나 이렇게 해서 선교지로 보내는데, 이제 이걸 누가 달아야 하지 않겠습니까? 그때 목회자들, CGN 직원들, 그다음에 성도들이 근무하는 외국의 현장 사무소 직원들까지 참여했습니다. 교회 전체가 방송과 미디어 사역에 대한 열정과 흥분으로 가득한 시기였습니다.

그렇게 해서 CGN TV가 탄생했습니다. 만약에 저에게 인터넷 환경에 대한 지식이 조금이라도 있었더라면 이 작업이 굉장히 늦어졌을지도 모릅니다. 하나님은 나 같은 사람을 거기에 앉혀놓으시고 "네가 할 수 있는 것만 해라. 나머진 내가 한다"라고 하시며 전폭적으로 밀어주셨습니다. 이러한 체험이 지금도 생생합니다.

하나님의 인도: 말씀, 내적 감동, 환경

어느 날, 하 목사님이 일본에 치료를 받으러 가셨다가 그들의 믿음이 너무 약해 보였습니다. 그래서 일본인이 축제를 좋아하는 것을 보고는 "우리가 일본에서 영적 축제를 벌입시다" 라고 제안하셨습니다. 그렇게 해서 '러브소나타' 프로그램이 탄생했습니다.

러브소나타는 동경 근처 사이타마현에서 2만 7천 명(일본인 참석자만 2만 명)이 모여 소위 '대박'이 났지만, 그 과정에서 일본인 목사들을 설득하느라 고생을 많이 했습니다. 아무튼, 그 과정을 잘 마치고 나니 완전히 탈진했습니다. 너무 마음고생을 많이 해서 불쌍해 보였는지 안식년을 갖는 게 좋겠다고 하셨습니다.

해외에서 혼자 밥 먹고 호텔 구석에서 자는 생활을 오래 했던 터라 국내에서 조용히 머리를 좀 식힐 계획이었습니다. 그렇게 해서 제주도에서 집 하나 빌려 저 혼자 쉬고 있었습니다.

한 달쯤 지났는데 마음에 갑자기 "본토 친척 아비 집을 떠나라"라는 말씀이 울리기 시작했습니다. 이게 도대체 무슨 일인가 하고 담아두었다가 주일날 서귀포교회에 갔는데 그날 말씀이 "본토 친척 아비 집을 떠나라"였습니다. 그다음 주에 제주시 성안교회에 갔는데 거기서도 주제가 "본토 친척 아비 집을 떠나라"였습니다.

올레길을 걷다가 쉼터에 앉아 있는데 어떤 분이 오셔서 옆에 앉더니 대뜸 저보고 직업이 뭔지 묻습니다. "교회 목사입니다" 말씀드렸더니 "어? 많이 봤네" 하십니다. "어떻게 아십니까?" 하니, 그 어른이 온누리교회에 자주 갔었다고 합니다. "내가 사람 볼 줄 아는데 목사님은 뭔가 환경이 바뀔 것 같아요" 이 말을 남기고 그 자리를 떠나십니다.

이처럼 때가 되니 내 안의 감동으로, 설교 말씀으로, 지나가는 사람이 툭 던지고 가는 말 한 마디를 하나님이 제 안에 울림이 되게 해주셨습니다. 그래서 안식년을 3개월 정도 보내다가 올라와서 하 목사님을 만나 여쭈었습니다. "제 안에 이런 감동이 있는데, 목사님 어떡하죠?" 그런데 목사님은 제가 이제 나이가 늦어 안 된다고 하십니다. 그리고 당시 뉴저지에 개척한 교회가 없고 뉴저지 성도들이 지금 교회 세워달라고 하니, 제가 가서 동부 CGN도 만들고 거기서 교회를 세우라고 특명을 내리셔서 그렇게 하겠다고 했습니다.

안식년이 3개월 정도 남은 시점이었는데, 하나님은 제게 계속 (뉴저지 개척은) '아니다'라는 사인을 보내십니다. 그래서 중간에 또 올라왔습니다. 목사님 수술 마치자마자 "목사님, 이거 의논 드려야 할 것 같습니다" 했더니 아무 말씀을 안 하세요.

그런데 중환자실에 계시던 하 목사님이 일반 입원실로 가시면서 비서 목사님에게 어떤 말을 하신 모양입니다. 비서 목사님에게 전화가 옵니다. "목사님, 언제 사임하세요?" 담임목사님과는 이야기가 아직 마무리가 안 된 상황이었는데, 제가 사전 의논도 없이 결정했던 것이 많이 서운하셨던지 부지불식간에 비서 목사님에게 이야기하신 것 같았습니다. 그래서 제 사임이 기정사실이 됐고 이미 교회에도 알려졌습니다.

교회 지원으로 당분간 생활비 부담은 덜었지만 사임 후 사역에는 아무 준비가 되어 있지 않았습니다. 치유 사역도 해봤으니 집을 정리해서 남은 걸로 '도심 속 기도원'을 하나 만들까, 아니면 선교단체를 세워 본격적으로 선교 사역을 시작할까 등 고민을 하고 있는데 어떤 분에게서 전화가 왔습니다. 그분을 만난 자리에서 자신에게 하나님이 주신 감동이 있다면서 제가 교회를 해야 한다고 말합니다. 이러면서 헌금을 하셨습니다. 적은 돈이 아니었습니다. 그리고 그날 저녁에 또 한 분에게 연락이 와서 만났습니다. 아직 이야기도 안 했는데 제가 교회를 개척한다는 말을 들었다면서 또 헌금을 하셨습니다. 역시 적은 금액이 아니었습니다.

당시에 방배동 삼일제약 회장님을 알고 있었는데 회사에서 새벽기도를 인도해달라는 부탁을 받고 준비하던 때였습니다. 그런데 사람들이 너무 많이 왔습니다. 50명이 들어가는 소강당 세미나실에 100명이 오니 민망했습니다. 그래서 할 수 없이 방배동에서 교회 공동체를 시작하게 되었습니다. 모인 분들에게 "저는 교회 개척 안 합니다" 이야기는 못하겠으니 그렇게 우물쭈물하다가 교회가 되었습니다. 사실 방배동은 꿈에도 생각을 못했는데, 삼일제약에서 새벽기도 인도하다가 근처에 사무실이라도 하나 얻자 해서 시작한 것이었습니다.

그때 건물 지하와 2층을 계약했는데, 두 분이 헌금한 것이 계약금과 정확히 일치하는 금액이었습니다. 그렇게 하나님이 다 준비해놓으셔서 교회가 시작되었습니다.

한 사람을 부르시는 일에 우연이란 없습니다

영화나 드라마, 소설에서 연인들이 우연히 만나는 것 같지만 사실은 모든 사건과 대사는 촘촘하게 연결되어 있습니다. 책을 잔뜩 들고 도서관 구석을 돌다 부딪쳐 떨어진 책들을 같이 주우며 눈이 한번 마주치고, 자전거 타고 가다 비틀거리는 순간 지나가던 소녀와 같이 넘어져 상처를 걱정하다가 눈이 맞는 사건들…. 그런 사건들이 계기가 되어 수많은 연인이 만나 사랑하고 결혼하여 자녀를 낳았지요. 인간의 우연한 만남을 통해 이런 아름다운 열매가 맺어진다는 것은 참 행복한 일입니다.

여리고라는 동네가 있었습니다. 여리고는 '종려나무 성읍'이란 뜻으로, 예루살렘 동북쪽 요단계곡에 위치하여 비교적 풍요로웠기에 많은 사람이 거주했고 예루살렘으로 향하는 길목에 있어 인적 왕래도 많았습니다.

"예수께서 여리고로 들어가 지나가시더라"(눅 19:1). 누가복음 19장은 평범한 설명으로 시작하지만, 이 한 문장에는 예수님의 숨은 의도가 들어 있습니다.

그곳에 '의롭다'라는 뜻의 이름을 가진 '삭개오'라는 사람이 있었습니다. 세리장이요 부자였지요. 안타깝지만 당시 유대 공동체가 경멸하는 직업인 세리로 쌓은 부(富)인지라, 부자였지만 죄인으로 취급받던 사람이었습니다.

이 죄인 삭개오는 예수님이 어떤 분인지 무척 궁금했습니다.

여리고 성 입구에서 맹인의 눈을 뜨게 해주신 예수님, 이미 여리고성을 들썩거리게 한 주인공을 만나고 싶었습니다. 무조건 거리로 나왔으나 사람들이 너무 많아 할 수 없이 길가에 있는 돌무화과나무 위로 올라갔습니다. 그는 무조건 예수님이 보고 싶었습니다. 누가 무어라 하든 지금 그에겐 아무것도 중요하지 않았습니다.

그런데 상상할 수도 없는 일이 일어났습니다. 그가 올라가 있던 나무에까지 오신 예수께서 친히 자신을 부르시는 것 아니겠습니까! "예수께서 그곳에 이르사 쳐다보시고 이르시되 삭개오야 속히 내려오라"(눅 19:5).

사실 삭개오는 그저 주님의 얼굴만 봐도 대만족이었는데, 지금 예수님은 정확히 자기 이름을 부르고 당신의 품 안으로 초청하셨습니다. 삭개오는 나무 위에서, 예수님은 나무 밑에서 서로의 눈이 마주쳤습니다. 세상은 자신을 죄인으로 경멸하며 멀리하는데 예수님은 "삭개오야"(선한 자야)라고 부르시며 먼저 초청하셨습니다. 예수님의 이 부르심은 삭개오의 삶을 완전히 바꾸어버렸습니다.

기쁨이 가득한 삭개오가 예수님을 대동하고 여리고 사람들 앞에 섰습니다. 그리고 선언합니다. "저는 앞으로 이런 인생을 살 것입니다. 제 소유의 절반을 가난한 자에게 주겠습니다. 만일 거짓으로 제 재산을 불렸다면, 네 배로 갚겠습니다"(눅 19:8 참고).

예수님은 1절에서 여리고로 들어가 지나가시려 했던 의도를

10절에서 다음과 같이 정리하십니다.

> 인자가 온 것은 잃어버린 자를 찾아 구원하려 함이니라(눅 19:10).

그렇게 삭개오는 길가의 나무 위에 있다가 구원을 받았습니다. 그리고 얼마 후 예수님은 나무 위에 오르셨습니다. 그 나무에서 온 인류의 구원을 이루셨습니다. 삭개오가 올랐던 나무는 예수 그리스도께서 오르셨던 그 나무였습니다.

> 친히 나무에 달려 그 몸으로 우리 죄를 담당하셨으니 이는 우리로 죄에 대하여 죽고 의에 대하여 살게 하려 하심이라(벧전 2:24).

그분 손안에 든 인생

예전에 어떤 분 댁에 심방을 갔습니다. 그분은 조각가였습니다. 마당 가득히 크고 작은 돌들이 있었고 각종 목재가 작업장 한쪽에 가득 쌓여 있었습니다. 울퉁불퉁한 돌들, 혼자서는 들기도 어려운 돌덩이들, 이리저리 뒤틀린 나무들, 널려져 있는 고목 덩어리들…. 제가 집을 다시 지으시냐고 묻자 그분은 '작품을 위한 재료들'이라고 답했습니다.

집 안에 들어선 순간 곳곳을 가득 채운 온갖 조각 작품이 눈에 들어왔습니다. 작품은 각각 메시지를 담고 있었습니다. 돌이든 나무든, 따로 또 함께 어우러져 조화로운 모습이었습니다. 한 작품 한 작품 설명을 듣다 보니, 저 돌덩이, 고목나무가 마치 부활한 생명체인 것같이 느껴졌습니다. 평범한 사람이 보면 그냥 조금 예쁜 돌덩이 혹은 특이한 나무토막 하나였겠지만, 그분의 마음속에는 이미 하나의 세계가 그려졌던 겁니다.

안드레는 갈릴리 어부 출신이었지만 새로운 세계, 새로운 삶을 끊임없이 추구하던 사람이었습니다. 바리새인이나 종교 지도자들에게 하나님 말씀은 늘 들어왔지만, 그의 마음은 답답하고 미래는 보이지 않았습니다. 그러던 어느 날 시대를 뒤흔드는 커다란 소리를 듣습니다. 세례 요한이었습니다. 이제껏 들어보지 못한 새로운 소리가 그의 심령을 뒤흔들었습니다.

> 요한이 요단강 부근 각처에 와서 죄 사함을 받게 하는 회개의
> 세례를 전파하니 … 그러므로 회개에 합당한 열매를 맺고 속으
> 로 아브라함이 우리 조상이라 말하지 말라 내가 너희에게 이르
> 노니 하나님이 능히 이 돌들로도 아브라함의 자손이 되게 하시
> 리라(눅 3:3, 8).

"거짓된 삶을 다 청산하고 진정한 말씀의 회복을 이루라." "진정으로 진리 앞으로 돌아오고 진리의 삶을 살라." 당시로선 매우 파격적이고 강력한 영적 개혁을 촉구하는 메시지였습니

다. 안드레는 이 메시지를 듣고 세례 요한을 따르는 제자가 되었습니다.

그런데 어느 날, 그 스승이 예수님을 보고 외쳤습니다. "예수께서 거니심을 보고 말하되 보라 하나님의 어린양이로다"(요 1:36). "내가 신발 끈을 풀기도 감당하지 못하는 그분이 진정한 메시아다." 그래서 안드레는 예수님을 따르게 되었습니다. 그리고 그분과 함께 있어 보니 이 예수가 진정 메시아임을 깨닫고 자기 형제 베드로를 메시아 예수께로 인도했습니다(요 1:41).

베드로를 보신 예수님은 이렇게 말씀하십니다.

네가 요한의 아들 시몬이니 장차 게바라 하리라 하시니라(게바는 번역하면 베드로라)(요 1:42).

게바는 아랍어로 '바위, 반석'이라는 뜻입니다. "지금은 네가 갈릴리 어부로 생계를 이어가지만, 이후에는 이 땅의 구원을 이룰 기초를 세울 것이다."

예수님은 우리의 현재 모습을 보며 선택하시는 것이 아닙니다. 우리를 당신의 손으로 다듬어 영광스럽게 세우실 미래의 모습을 이미 다 보셨습니다. 미래에 이룰 일, 행할 일을 보십니다. 비록 지금은 울퉁불퉁한 돌덩이요, 그저 그런 바윗덩어리지만 주님이 함께하시니 베드로도 반석이 됩니다. 그리고 이 반석 위에 주님의 교회가 세워집니다. 예수님을 따르는 안드레를 통해, 예수님 앞에 선 베드로를 통해 세워가는 나라가 하나님 나라입니다.

이후 시몬이 성(姓)처럼 되었고, 베드로는 이름처럼 불렸습니다. 성(姓)은 혈육, 혈통을 말합니다. 요한의 아들 시몬은 갈릴리 작은 어촌마을 벳세다에서 태어나고 자랐습니다. 흙에서 태어나 나름대로 열심히 살다가 결국엔 흙으로 돌아가는 육신의 삶이었습니다. 하지만 형제 안드레의 손에 이끌려 예수님을 만나는 순간, 그의 인생에는 새로운 이름이 붙었습니다.

하나님의 사람에게는 모두 비슷한 특징이 있습니다. 하나님이 부르시면 아브람이 아브라함이 되고, 야곱이 이스라엘로, 사울이 바울 되고, 시몬이 베드로가 됩니다. 인간 세상에서 타고난 운명으로 고만고만한 삶을 살다가도 하나님의 선물인 예수 그리스도를 만나면 예수의 사람으로 예수의 형상을 닮기 시작합니다.

구원의 이름 예수. 그분이 우리를 부르시면, 우리 인생에게 주어진 이름이 다른 차원의 '구원의 이름'이 됩니다.

이름에는 한 사람의 특징, 소명, 소망이 담겨 있습니다. 저는 박씨 혈통으로 태어났기에 그 내력에서 평생 벗어나지 못합니다. 하지만 이름은 다릅니다. 제 이름은 종렬(鐘烈)입니다. 쇠북 종, 매울 렬. 소식을 전하기 위해 열심히 울리는 소리라는 뜻입니다. 그저 부모로부터 받은 이름이었는데 예수님이 부르시고, 예수님을 만나고 나니 제 이름이 예사롭지 않다고 느꼈습니다.

원래는 세상에서 열심히 살아, 보란 듯 성공하는 찬란한 인생이 되라는 뜻이었는데, 예수님을 만나고 나니 제 인생은 달라졌습니다. 복음을 증거하고 새벽을 깨워야 하는 이름이 되었습니다.

그리스도 예수 안에 있는 사람이라면 모두에게 해당하는 부르심입니다. 이것이 하나님이 주신 큰 선물입니다. 우리를 거룩하고 흠 없는 인생이 되게 하시고 영광스러운 교회를 세워가는 존재로 삼으신 것입니다.

주님은 우리가 이 땅에서 구원 역사의 주인공이 되길 원하십니다. 그러므로 우리의 일, 직업, 삶의 환경과 배경이 그러한 소명을 이루고 미래를 준비하는 모든 과정에 해당합니다. 비록 지금은 한갓 돌덩어리 같을지라도 주님과 함께하는 동안 그분의 손길에서 구원 역사에 참여하는 반석으로 변합니다. 시몬 베드로가 예수님께 붙잡힌 인생이 되었을 때 비록 몸은 동일하게 세상에 있지만 이제부터는 '베드로'로 살아가기 시작했습니다. 우리 모두 처음부터 주어진 세상 이름으로만 살지 말고 영광스러운 부르심을 따를 수 있기를 바랍니다.

진정성 있는 지도자

사람 보는 눈은 다 비슷한 걸까요? 질병관리본부에서 코로나

19 현황 브리핑을 할 때 걷잡을 수 없이 긴급한 상황에서도 묵묵히 책임을 다하는 모습을 보면 왠지 모르게 믿음이 갑니다. 그분들이 입을 열 때마다 든든하며 믿음직스럽습니다. 백신과 치료제가 나오기 전이라서 사실 아무리 잘해도 방어밖에 할 수 없는 상황이지만, 이런 가운데서도 희망이 보입니다.

요즘 거듭 떠올리는 주제는 바로 '리더십'입니다. 특별한 게 없는데도 신뢰가 가고, 요란하게 일을 벌이는데도 뭔가 의심스러운 리더십이 있습니다. 이 둘의 차이는 실력과 능력을 떠나 '진정성'에 있다고 생각합니다. 모두에게 신뢰를 주는 지도력, 리더십은 바로 진정성에 있습니다. 지금 이 시대에 모든 영역에서 꼭 필요한 지도자의 최우선적인 덕성입니다.

진정성 있는 지도자는, 무엇보다 하나님을 진정으로 믿는 믿음의 사람이어야 합니다. 지도자의 지도력은 하나님을 경외하는 신앙에서 나오기 때문입니다. 그래서 교회 공동체는 끊임없이 영적 지도자를 키우기 위해 노력합니다. 거짓 교리로 가득한 이단 단체와 그들을 이끄는 리더만 문제이겠습니까? 이 나라 정치, 경제, 언론, 사회 등 여러 분야를 보더라도 거짓된 지도자들이 더 당당하게 진짜 행세를 합니다.

숨겨진 거짓 세력을 다스리고 변화시킬 유일한 길은 하나님의 지혜와 지식을 소유한, 믿음의 지도자들이 이 땅에 가득 일어서는 데 있습니다. 진정한 지도자이신 예수 그리스도를 닮은 사람들이 나타나야 합니다. 공의와 성실, 진실의 힘으로 세상을 다스릴 분은 예수 그리스도뿐입니다(사 11:1-2, 행 13:23, 사 11:5).

코로나19 이후의 변화들을 생각해봅니다. 앞으로 자기 자신이 아니면 아무도 스스로 지킬 수 없다는 자기 방어적인 태도가 더 깊게 자리 잡을 것입니다. 이를 기반으로 시간이 갈수록 정치, 경제, 산업 등 모든 분야에 걸쳐 사회의 모든 유기적인 관계망에 거대한 변화가 밀려오게 될 것입니다.

분명한 사실은 자생적 노력만으로는 우리 삶을 완성해 갈 수 없다는 것입니다. 서로 섬기는 유기적 관계가 끊어진다면, 이 변화는 극단적 이기주의와 같은 이데올로기를 만들어 공동체는 파멸로 치달을 것입니다. 이 세대의 모든 것이 빠르게 변화하겠지만, 이 변화를 주도해가는 리더십의 중심에는 '섬김'이 있다는 것을 놓치지 말아야 합니다.

섬김의 지도자는 십자가를 질 줄 아는 사람입니다. "또 자기 십자가를 지고 나를 따르지 않는 자도 내게 합당하지 아니하니라"(마 10:38). 십자가는 죽음의 형틀이었습니다. 그러나 죽음의 형틀에서 생명과 부활의 변혁이 시작되었습니다. 예수 그리스도의 십자가는 새로운 생명의 시대를 여는 사명이었습니다.

오프라 윈프리는 자서전에서 이렇게 고백했습니다. "남보다 더 가졌다는 것은 만족이 아니라 사명이다. 남보다 아픈 것이 있다면 고통이 아니라 사명이다. 남보다 부담되는 것이 있다면 강요가 아니라 사명이다." 그녀는 자신의 인생 자체를 사명으로 해석했습니다. 이것이 곧 십자가 지는 삶입니다.

그리고 이러한 섬기는 자에게는 상이 있습니다. "또 누구든지 제자의 이름으로 이 작은 자 중 하나에게 냉수 한 그릇이라도 주는 자는 내가 진실로 너희에게 이르노니 그 사람이 결단코 상을 잃지 아니하리라 하시니라"(마 10:42). 상이란 행위에 따른 격려와 위로, 보상을 말합니다. 세상에선 큰 자, 힘 있는 자 주변에 사람이 넘치는 반면, 주님이 주시는 참된 상은 작은 자를 보살피는 자에게 주어집니다.

예수님은 이처럼 자기가 주인공이 되기 위해 극단적으로 치달을 수밖에 없는 이기적인 시대에 유기적 관계에서 중심 역할을 하길 원하십니다. 그것이 곧 '섬김의 지도력', 즉 작은 자를 섬기는 일입니다. 이때 주님은 우리에게 상을 주십니다. 보상이 있습니다. '천국 열쇠'를 주십니다. 모든 것을 묶고, 풀고, 닫고, 여는 권위와 권능을 말합니다. 빠른 속도로 거대한 물결을 일으킬 이 변화의 시대를 준비하며, 우리 모두 작은 자를 섬기는 삶의 지도력을 갖춘 자들이 되기를 바랍니다.

주가 쓰시겠다 하라

오래전, 여러 목회자와 선교사들과 함께 모임을 한 적이 있습니다. 선교사 대부분이 많은 이야기를 주도적으로 나누었습니다. 한국말로 하고 싶은 표현을 다 할 수 있다는 것이 무척 행복하다고 하면서 말입니다.

그러던 중, 어떻게 부름을 받게 되었는지 각자가 받은 말씀이나 소명을 확신하게 된 결정적인 계기를 나누는데, 대부분 사역자가 "주가 쓰시겠다 하라"는 말씀을 받고 이 길을 시작하게 됐다고 고백했습니다.

"주가 쓰시겠다 하라." 복음서에는 이 말씀이 세 구절에 등장하는데(마 21:3, 막 11:3, 눅 19:31), 각기 받았던 구절과 맥락은 달랐지만 모두 주님이 부르시는 동일한 음성 앞에 순종한 것입니다.

예수님은 예루살렘에 오르시기 전에 타실 나귀를 찾으셨습니다. 승리한 장군이나 황제가 입성할 때 얼마나 화려하고 웅장한 모습이 연출되는지 모릅니다. 주인공들은 더 멋지고 훌륭한 말을 타고 위용을 떨쳐 보이며 당당한 모습을 자랑합니다. 그러나 하나님의 아들, 만왕의 왕 예수님은 예루살렘으로 들어가실 때 '나귀'를 타셨습니다.

나귀는 짐을 나르거나 농사일에 동원되면서 사람도 타고 유용하게 쓰이긴 했지만 말보다는 낮은 대우를 받았습니다. 그래서 겸손을 상징하기도 했습니다. 더더욱 예수님이 나귀를 타신 것은 스가랴 9장 9절의 예언을 이루신 것입니다.

예루살렘, 이 평화의 도시에 나귀를 타신 겸손의 왕 예수님이 들어가십니다. 당시 예루살렘은 '평화의 도시'라는 이름에 맞지 않게 극심한 종교 타락과 편법, 불법이 판치는 죄악으로 가득한 도시였습니다. 수많은 경고의 말씀을 듣고도 꿈쩍도 하지 않았습니다. 그 중심에 평강의 왕 예수가 들어가십니다.

> 예루살렘아 예루살렘아 선지자들을 죽이고 네게 파송된 자들을 돌로 치는 자여 암탉이 그 새끼를 날개 아래에 모음 같이 내가 네 자녀를 모으려 한 일이 몇 번이더냐 그러나 너희가 원하지 아니하였도다 보라 너희 집이 황폐하여 버려진 바 되리라(마 23:37-38).

죄를 무너뜨리기 위해 죄악의 중심으로 들어가시는 예수님. 모든 죄악을 이기기 위해 나귀를 타신 것입니다. 이것이 겸손이요, 평강입니다. 그래서 주님이 말씀하십니다. "내가 나귀를 쓰겠다."

주님이 그렇게 나귀를 타고 죄의 중심으로 들어가시면 예루살렘의 죄악이 무너지고 그 이름을 회복합니다. 땅에 평화가 임합니다. 하늘에 영광이 나타납니다. 나귀 타신 예수가 온 인류의 평화이며 하나님 나라의 영광 되십니다. 이 예수께서 예루살렘으로 들어가십니다. 이러한 예수님의 삶은 철저한 자기 비움에서 비롯되었습니다. 즉, 업신여김을 받을 줄 뻔히 알면서도 그 낮은 자리로 내려가셨습니다. 인간의 죄와 허물을 소멸시키는 능력이 여기서 나타납니다.

매일 거듭되는 일상에서 우리는 과거에 대한 후회, 연민, 집

착 그리고 내일에 대한 걱정과 두려움 같은 부정적인 감정으로 자신을 채우고 있지는 않은지요? 우리는 이제 결단해야 합니다. 하나님을 중심으로 모시고 그리스도 예수로 충만한 삶을 살기로 해야 합니다. 이렇게 하나님 나라와 의를 먼저 구한다면 모든 것이 하나님의 뜻대로 열립니다.

모든 것을 다시 재정비하라고 주신 이 귀한 시간에 더 중요한 목적을 위해 자신을 비우고, 단순하게 사셨던 예수로 채우는 은혜가 넘치기를 소망합니다.

재비상

3장

다른 차원에서 오는 힘

1

장애물이
곧 길이 된다

. . . . .

미서널 라이프로 날아오르다

예수 그리스도를 믿는 우리에게는 산 소망이 있습니다. 하나님께서 우리를 선택하고 구원하시어 하나님의 자녀가 되게 하셨기 때문입니다.

우리 주 예수 그리스도의 아버지 하나님을 찬송하리로다 그의 많으신 긍휼대로 예수 그리스도를 죽은 자 가운데서 부활하게 하심으로 말미암아 우리를 거듭나게 하사 산 소망이 있게 하시며(벧전 1:3).

은혜받을 자격 없는 내가 은혜를 받았습니다. 저주받아야 마땅한 내가 하나님의 긍휼하심을 받았습니다. 그래서 지금 당하는 고난이 아무리 어려워도 절망하거나 낙심할 이유가 없습니다. 예수 그리스도의 십자가 사랑과 부활의 산 소망이 우리를 보호하시며 모든 고난을 이기게 하시기 때문입니다.

> 여러분은 이방 사람 가운데서 행실을 바르게 하십시오. 그렇게 해야 그들은 여러분더러 악을 행하는 자라고 욕하다가도, 여러분의 바른 행위를 보고 하나님께서 찾아오시는 날에 하나님께 영광을 돌릴 것입니다(벧전 2:12, 새번역).

세상에 고난이 있을 때, 하나님께서는 이 문제를 우리에게 적극 맡기십니다. 우리가 행하는 선한 일을 보고 세상이 하나님께 영광을 돌리기 때문입니다.

사회 개혁을 외치는 소리가 곳곳에서 들립니다. 현재 우리가 겪는 모든 시대적 상황이 총체적 변화와 개혁을 요구합니다. 여러 분야에서, 특히 기업들은 오래전부터 새로운 변화의 시대를 예측하고 새 기술과 산업 구조를 준비해왔습니다. 하지만 정작, 지금과 같은 상황을 맞닥뜨리면 그런 부지런한 준비도 아무 의미 없어 보이는 무력감을 경험합니다.

이때 하나님의 사람들, 주님의 교회는 어떻게 해야 할까요? 우리는 적극 세상으로 나가야 합니다. 세상 구조, 제도, 삶의 형태, 가치관을 바꾸기 위해 노력하면서 세상이 갈망하는 것을 각자 삶의 자리에서 채워가야 합니다.

교회가 단지 신앙만을 고수하려고 하자 하나님은 이런 상황을 통해 세상으로 눈을 돌리게 하신 것입니다. 하나님은 우리의 심령이 변하고 관심이 달라지며 헌신의 깊이가 더욱 성숙해지기를 원하십니다.

이러한 큰 변화를 바로 미셔널 라이프(Missional Life)라고 합니다. 내가 속한 모든 공동체에 하나님 나라가 회복되도록 하는 삶 전체를 의미합니다. 우리 모두 이 시대에 자기 삶의 일터로 보냄받은 '선교사'로 살아가야 합니다.

> 예수께서 또 이르시되 너희에게 평강이 있을지어다 아버지께서 나를 보내신 것같이 나도 너희를 보내노라(요 20:21).

저는 부족하지만 평생을 이 말씀에 순종하려고 노력해왔습니다. 많은 분이 저에게는 늘 에너지가 넘치고, 항상 열정과 비전이 있는 것 같아 부럽다고 하는데, 솔직히 말씀드리면 저는 처음부터 스스로 열정을 불태워 뭔가를 시작해본 적이 없습니다. 온누리교회를 섬기면서는 하 목사님이, 현재의 교회 공동체를 시작하면서는 환경과 여건이 저로 하여금 그렇게 하도록 몰아갔습니다.

우리 교회가 '목회플러스'(작은 교회 사역)를 하게 된 배경에는 작은 교회 목회자 한 분이 스스로 생을 마감한 것이 큰 계기가 되었습니다.

제가 그 이야기를 듣고 충격을 받았습니다. 그래서 한번은 아는 목사님들과 함께 작은 교회 목회자들을 모아 재정이 넉넉한 분들에게 후원을 받아 미국 요세미티로 힐링 여행을 보냈습니다. 버스 여행을 하며 그분들 안에서 큰 힐링이 일어났습니다. 사역을 간증하면서, 힘들었던 이야기를 들으면서 동병상련을 느끼고 위로를 받았습니다. 하지만 그걸로 끝이었습니다. 저는 그 과정에서 '이렇게 위로만 받고 끝내지 말고 목회에도 힘이 되도록 도와주자'라는 생각이 들었습니다. 그렇게 해서 '목회플러스'가 탄생했습니다.

이런 사역은 만만치 않게 돈이 듭니다. 그런데 신기하게도 그때그때 하나님이 보내주시는 숨은 사람들이 있습니다. 이 비전을 나누면 이곳저곳에서 재정을 보내오면서 사역이 계속되는데, 참여한 목회자들이 회복되는 모습이 눈에 띄게 드러납니다. 그 교회들 중에 살아난 교회는 영향력 있는 교회가 되었습니다. 다 가능성 있고 공부도 많이 한 분들이지만 물꼬가 막혀 있었는데, 이렇게 수로를 열어주니 길이 열린 것입니다.

'디아스포라 사역'(흩어진 난민과 이주민의 삶을 돌보고 복음을 전하는 사역)의 출발도 이와 다르지 않았습니다. 재스민 혁명(2010년부터 2011년에 걸쳐 독재 정권에 반대해 전국적 시위로 확산된 튀니지의 민중 혁명)이 도화선이 되어 박해받은 무슬림이 전 세계로 흩어지는 상황이 연쇄적으로 일어났습니다. 그러다가 2018년에 제주도에 예멘 난민 500명이 들어왔는데 정부가 받아주려 하지 않았습니다. 예멘 난민이 제주 지역에서 이슈가 되니까 제주도에 있는 교회까지도 그들을 외면하려는 안타까운 움직임이 나타나기 시작했습니다.

하나님은 고아와 과부와 나그네를 돌보라고 하셨습니다. 이스라엘 백성도 고아와 나그네와 과부를 학대하다가 망국의 길로 간 것 아닙니까? 즉, 그들에게 하나님을 공경하는 마음이 사라지면서 소외된 이웃에 대한 마음을 거둬버린 것이 이스라엘 공동체의 결정적 실수였습니다. 하나님은 이스라엘에게 애굽의 노예생활을 잊지 말라, 고아와 과부와 나그네를 대접하라고 하셨는데 이걸 잊었습니다. 저는, 이건 아니다 싶어서 디아스포라 사역을 시작했습니다.

교회가 시작한 사역은 대부분 이런 식이었습니다. 하나님은 제게 세상의 필요, 교회의 필요를 보게 하시고, 기도하게 하시고, 고민하게 하셔서 그저 그분이 원하시는 바를 해봐야겠다는 마음으로 순종할 때 하나님이 직접 필요한 자원들을 모아주시는 것을 많이 체험했습니다.

이처럼 제게 무슨 큰 열정이나 능력이 있었던 것이 아니라, 사역을 하면서 그런 동기들이 자꾸 생겨 주님의 부르심에 순종하다 보니 그렇게 되었던 것입니다.

하나님은 시대마다 인간이 예측할 수 있는 것뿐만 아니라 도저히 예측할 수 없는 결과와 시대적인 흐름 속에서도 세상을 끊임없이 바꾸어오셨습니다. 그분의 사랑은 생명을 살리려는 노력을 하나도 아끼지 않는 데서 나타났습니다. 이 시대, 이 세대에 다시 '숨길'을 여시고 살리기 위해 잠시 우리의 모든 것을 멈추게 하셨습니다. 하나님이 일으키신 변화의 시대가 또다시 시작된 것입니다.

지금 필요한 세 단어: 안심하라, 나다, 두려워 말라

예전에 비싼 방송 기자재를 잃어버린 적이 있었습니다. 바로 짚이는 사람이 있었고, 평소 의심을 살 만한 일을 자주 일으킨 사람이었습니다. 그러나 촬영 현장이었던 선교 단체에서 기자재를 가져가라는 연락이 왔을 때, 혼자서 얼마나 미안하고 민망했는지 모릅니다.

또 한 번은, 제가 한 조직의 책임자로 있었을 때 재정에 관한 의심을 받게 되었습니다. 감사가 시작되었고 오해라는 게 밝혀졌지만, 억울하고 꺼씸한 마음은 쉽게 사라지지 않았습니다. 내가 이런 의심이나 받는 존재라니 참담한 심정이었습니다. 이처럼 '의심'에는 관계를 뿌리째 뒤흔드는 파괴적인 힘이 있음을 알았습니다.

오병이어의 큰 기적을 많은 사람이 경험한 후에, 예수님은 모인 군중을 흩으셨습니다. 그리고 제자들을 강 건너편으로 보내시고 홀로 남으셨습니다. 군중의 환호성, 왕의 자리, 존재감을 드러낼 수 있는 자리보다 하나님과 홀로 대면하는 시간이 예수님에게는 최고의 안식이요, 기쁨이었습니다.

그러는 사이, 앞서 보낸 제자들이 탄 배는 갈릴리 호수 한가운데서 밤 사경(새벽 3시)까지 표류하고 있었습니다. 거센 비바람 때문에 앞으로 나갈 수 없어 이리저리 떠밀리고 있었습니다. 바로 이때, 예수님이 바다 위로 걸어 제자들에게 오십니다(마 14:25).

제자들은 이 한밤중에 거친 바다 위를 걸어오는 물체를 보고 두려워 비명을 지릅니다. "유령이다!" 그도 그럴 것이, 지금껏 살아오면서 그 시간에 바다 위에 나타난 물체를 본 적이 없었기 때문입니다.

이때 예수님은 말씀하십니다. 놀란 그들, 이 상황 속에서 크게 두려워하는 그들, 풍랑과 맞서다 지친 그들을 즉시 안심시키는 말씀을 하십니다.

예수께서 즉시 이르시되 안심하라 나니 두려워하지 말라(마 14:27).

그날 낮에 오병이어의 기적을 통해 오천 명이 넘는 사람들을 먹이신 예수님. 그리고 풍랑 이는 바다 한가운데서 악전고투를 치르는 제자들에게 오신 예수님의 말씀은 단순했습니다.

"안심하라. 나다. 두려워 말라."

벳세다 빈들에서 허기져 힘들어하는 인생들을 생명의 떡으로 만족하게 하신 예수님이 극한 상황 속 두려움과 공포로 가득한 제자들을 안전하게 지키십니다.

"안심하라. 나다. 두려워 말라."

이때 베드로는 예수님을 향해 외칩니다. "베드로가 대답하여 이르되 주여 만일 주님이시거든 나를 명하사 물 위로 오라 하소서 하니 오라 하시니 베드로가 배에서 내려 물 위로 걸어서 예수께로 가되"(마 14:28-29).

베드로는 과감하게 배 밖으로 나섭니다. 그곳에 있는 것 자체가 공포였지만 배 밖은 그야말로 죽음의 현장입니다. 그나마 목숨을 유지해오던 배 안을 벗어나 베드로는 배 밖으로 한 발을 내딛습니다. 믿음의 사람은 무언가 달라도 다릅니다. 그래도 베드로만한 사람이 없어 보입니다. 그러나 안타깝게도 그의 믿음은 오래가지 못합니다. 베드로는 잠시 물 위를 걷다 외쳤습니다. "바람을 보고 무서워 빠져 가는지라 소리 질러 이르되 주여 나를 구원하소서 하니"(마 14:30).

예수님은 베드로에게 '오라' 하시며 그의 믿음을 응원하셨지만, 거센 바람을 느끼는 순간, 자신에게 닥친 현실과 마주 대하는 순간, 베드로는 두려움에 사로잡혀 물에 빠지고 말았습니다. 예수님을 향해 믿음으로 나서다 냉혹한 현실을 직면하자 급속히 그 속으로 빠져들어 갔습니다. 여기서 방황하는 상태가

'의심'입니다.

사실, 의심은 관계를 깨뜨립니다. 다른 무엇이 아무리 탄탄하더라도 의심이라는 그림자가 한번 드리우면 그 관계는 평정을 유지할 수 없습니다. 예수님과 베드로 사이에도 이런 의심이 끼어들기 시작한 것입니다.

하지만 그렇게 다급한 순간, 예수님은 그의 손을 잡아 붙들어주십니다. 예수님은 의심 많은 베드로와의 관계를 절대로 깨지 않으십니다. 그리고 의심을 버리고 믿음을 키우라 도전하십니다.

> 예수께서 즉시 손을 내밀어 그를 붙잡으시며 이르시되 믿음이 작은 자여 왜 의심하였느냐 하시고(마 14:31).

예수님을 따르는 여정은 순전히 믿음의 여정입니다. 오병이어의 기적도 잠시 잠깐 필요했던 한순간의 만족일 뿐, 또 다른 현실 앞에서는 당장의 고난만 보일 뿐이었습니다. 오병이어 기적을 행하신 예수님은 풍랑 이는 바다 위를 걸어오기도 하십니다. 생명의 떡 예수님은 고난 중의 인생, 의심 많은 인생에게 손을 내미십니다.

우리 모두, 믿음과 현실 사이에서 현실을 택하며 주저앉지 말고 예수 그리스도의 내미시는 손을 붙잡는 믿음의 사람이 되어 고난의 시대를 넉넉히 이겨나가길 바랍니다.

신앙 업그레이드의 분기점

예수님 앞에 한 청년이 달려왔습니다. "예수께서 길에 나가실새 한 사람이 달려와서 꿇어앉아 묻자오되 선한 선생님이여 내가 무엇을 하여야 영생을 얻으리이까"(막 10:17).

청년은 예수님 앞에 무작정 무릎을 꿇고 영생에 대한 소망을 물었습니다. 예수님은 청년에게 계명들을 다 지켰느냐고 물으셨습니다. 그러자 청년은 "내가 어려서부터 다 지켰다"라고 당당히 고백합니다. 이에 예수님은 말씀하셨습니다.

> 예수께서 그를 보시고 사랑하사 이르시되 네게 아직도 한 가지 부족한 것이 있으니 가서 네게 있는 것을 다 팔아 가난한 자들에게 주라 그리하면 하늘에서 보화가 네게 있으리라 그리고 와서 나를 따르라 하시니(막 10:21).

영생에 대한 소망을 갖고 예수님 앞에 나왔더니 예수님은 느닷없이 가난한 자를 구제했는지를 말씀하십니다. 예수님은 이 청년의 재산에 관심 있는 것이 아닙니다. "그를 보시고 사랑하사 이르시되." 이 청년과 진정한 사랑의 관계를 이루고 싶어 하십니다.

그러나 청년은 예수님의 말씀을 뒤로하고 슬픈 표정으로 떠납니다. 그 이유에 대해 성경은 이렇게 기록합니다. "그 사람은 재물이 많은 고로 이 말씀으로 인하여 슬픈 기색을 띠고 근심하며 가니라"(막 10:22).

안타깝지만 청년에게 영생은 재물보다 못한 것이었습니다. 청년은 영적인 세계에 관심을 보이는 듯했지만, 실제로 영생을 얻을 수 있는 기회를 앞두고도 눈앞의 이익에 눈이 멀어 영생에서 멀어집니다.

이 청년이 돌아간 후 베드로는 다소 으쓱해졌습니다. "베드로가 여짜와 이르되 보소서 우리가 모든 것을 버리고 주를 따랐나이다"(막 10:28). 분명히 자신은 그렇게 떠난 청년과는 다르다는 것입니다.

그는 실제로 그물을 버렸습니다. 이전에 자신을 지탱하고, 생존을 의지해 오던 모든 것을 포기했습니다. 그저 예수만 바라보고 여기까지 왔습니다. '주님 아시지 않습니까? 나는 다 버린 사람입니다. 저 청년과는 완전 다른 존재입니다.' 그래서 예수님을 향해 '내게 주실 것은 없는지요' 하는 보상의 마음을 갖고 있었습니다. 이때 예수님은 베드로에게 이렇게 말씀하십니다.

> 예수께서 이르시되 내가 진실로 너희에게 이르노니 나와 복음을 위하여 집이나 형제나 자매나 어머니나 아버지나 자식이나 전토를 버린 자는 현세에 있어 집과 형제와 자매와 어머니와 자식과 전토를 백 배나 받되 박해를 겸하여 받고 내세에 영생을 받지 못할 자가 없느니라(막 10:29-30).

현세를 살아가며 어쩔 수 없는 고난과 고통도 있지만 하나님의 보상은 삶과 영혼의 모든 것을 다 아우릅니다. 예수님은 율법의 계명에 대하여 확고하게 말씀하십니다. 성경이 강조하고 가르치는 가장 기본이요 근본 된 핵심은 "하나님 사랑과 이웃 사랑"입니다. 하나님을 사랑하는 것과 이웃을 사랑하는 것이 '하나'인 것을 가르치고 있습니다.

코로나19 상황으로 함께 모여 예배드리지 못한 성도끼리는 진한 안타까움을 느낍니다. 그런데 서울역 노숙자 급식소에 가보니, 그곳에 오히려 예배의 참된 기쁨이 참석한 모두에게 가득했습니다. 내 삶도 버겁고 추슬러야 할 것이 많지만 더 어렵고 힘든 이웃을 위해 나서는 것, 이것이 참된 하나님 사랑이요 예배이기 때문입니다.

부자 청년은 영생을 자신의 신앙 행위에 대한 보상 정도로 생각했습니다. 하지만 주님은 이 청년도 사랑하셨습니다. 베드로도 마찬가지입니다. 다 버리고 예수를 따른 것은 사실이지만, 예수께서 모든 것을 버리시고 십자가를 택하자 그분을 세 번이나 부인하고 맙니다. 그런 베드로를 향해서도 예수님은 사랑의 눈길을 거두지 않으십니다. 닭 울음소리가 나자 자신을 결코 포기하지 않으신 예수님의 사랑이 비로소 떠올라 베드로는 통곡했습니다(눅 22:61).

영생은 누구나 소유할 수 있으나 아무나 소유할 수는 없습니다. 오직 하나님 사랑을 알고, 하나님 사랑의 구체적 실체이신 예수 그리스도의 눈길에 사로잡힌 자만이 누릴 수 있는 영원한 생명입니다.

신앙 연륜이 쌓일수록, 우리의 믿음 세계는 '보상 신앙'에서 '사랑 신앙'으로 점점 변해 가야 할 것입니다. "그가 먼저 우리를 사랑하셨음이라"(요일 4:19). "하나님이 나같은 사람도 사랑하신다." 이것이 주님을 따르는 우리에게 주어진 진정한 보상이 아닐까요?

2

다시
날아오르는
힘은 어디에서

사랑의 능력

시편 말씀은 구절 하나도 그냥 지나칠 수 없이 우리 마음을 말씀 앞으로 이끌어갑니다. 흔히 책을 읽거나 누군가와 대화를 하다 보면 메모로 남기고 싶거나 기억하고 싶은 표현을 발견합니다만, 시편의 모든 말씀은 실로 하나도 놓치지 않고 낱낱이 적어 언젠가는 꼭 적용하고 싶은 말씀으로만 채워져 있습니다. 우리만큼이나 시편 저자들의 삶도 치열하고 만만치 않았습니다. 시편을 살피다 보면 그분들이 우리보다 먼저 그 지점을 통과했구나 하는 생각이 자주 듭니다. 대부분 내 고백이고, 우리 시대의 고백과 결이 같습니다.

시편 31편은 다윗이 처한 고통 중에 은혜를 구하는 시입니다. 다윗의 시를 읽으면, 인생 구석구석 안 가본 곳이 없고 안 해본 경험이 없는 사람으로 보입니다. 다윗은 인간 고통의 밑바닥까지 내려가봤으면서도 그런 고통을 이기는 지혜도 함께 소유한 사람이라 더욱 특별합니다. 쉴 새 없이 밀려드는 고통 중에서도 그는 억울하고 하소연할 데 없는 상황을 품고 하나님 앞에 엎드리고 또 엎드립니다.

시편 31편에서 고백하는 절망도 그의 현실 그대로를 말한 것입니다. 겹겹이 쌓인 자신의 아픔을 차근차근 드러내고 있습니다. 마음의 아픔은 육신의 아픔이 되었습니다.

> 여호와여 내가 고통 중에 있사오니 내게 은혜를 베푸소서 내가 근심 때문에 눈과 영혼과 몸이 쇠하였나이다 내 일생을 슬픔으로 보내며 나의 연수를 탄식으로 보냄이여 내 기력이 나의 죄악 때문에 약하여지며 나의 뼈가 쇠하도소이다(시 31:9-10).

그는 모두에게 버림받고 잊힌 인물이 되었습니다. 그것도 모자라 누군가가 그를 끝장내려는 위협 속에서 살아가고 있습니다. 이른 바 고통의 3종 세트입니다. 예수님도 같은 상황에 처하셨습니다. 그럼에도, 그 모든 것을 짊어지고도 입을 열지 않으셨습니다(사 53:7). 이 고통이 어디서부터 온 것인지 아셨기 때문입니다. 그 고통의 몫은 고스란히 당신께서 감당해야 할 몫이기에 침묵으로 짊어지셨습니다. 죄는 우리가 짓고, 그 대가는 예수님이 감당하셨습니다.

물론, 다윗의 수많은 어려움이 모두 다 억울한 것만은 아니었습니다. 자신의 허물과 죄가 더 크고 많다는 것을 알고 있었습니다(시 51:3). 하지만 그때마다 그는 끊임없이 하나님의 도우심을 구했고 하나님은 그 고통에서 놓아주셨습니다. 은혜를 베푸셨습니다.

주를 두려워하는 자를 위하여 쌓아두신 은혜 곧 주께 피하는 자를 위하여 인생 앞에 베푸신 은혜가 어찌 그리 큰지요(시 31:19).

예수님은 끝내 자신의 고통을 외면하시는 아버지 앞에서 그분의 사랑을 온 세상에 외치고 죽음을 맞이하셨습니다. 덕분에 우리는 죄에서 해방되고 허물로부터 자유로운 인생이 되었습니다(사 53:11).

이제 이 고통의 현실에서 우리 선택만 남은 것입니다.

여호와를 찬송할지어다 견고한 성에서 그의 놀라운 사랑을 내게 보이셨음이로다(시 31:21).

다윗의 고백처럼 내게 보여주신 놀라운 그 사랑을 절대 놓치지 않기를 바랍니다. 예수님께서 침묵의 고통을 통해 보여주신 하나님의 놀라운 사랑 안으로 들어갈 수 있기를 바랍니다.

성결의 능력

코로나19를 겪으며 한 가지가 떠오릅니다. 의료진들에 대한 생각입니다. 이 질병이 급속하게 확산할 때 생업을 포기한 채 달려가신 분들입니다. 남들은 피하고 돌아서는 그곳으로 달려가신 분들입니다. 이런 소식을 접하면 사막에서 오아시스를 만난 것 같은 위로를 받습니다. 세상이 어려울 때 이런 헌신들은 사람들에게 큰 위로와 희망을 줍니다.

우리는 이런 질문을 자주 받습니다. 예수를 믿는 것과 믿지 않는 것의 차이는 무엇인가? 구원받은 사람과 구원받지 못한 사람은 무엇이 다른가?

구원받은 사람은 죄에서 떠나 성결의 삶을 사는 사람입니다. 예수 믿고 구원받는다는 것은 이 삶으로 증명됩니다. '성결'은 그리스도인이 평생 추구해야 할 목표입니다. 사도바울도 두렵고 떨림으로 구원을 이루라고 강력히 권했습니다(빌 2:12).

구원받은 우리는 이 은혜를 더욱 성숙하게 다져가야 합니다. 초대 교회는 성결의 능력으로 세상을 변화시켰습니다. 초대 교회 성도들은 구원받은 삶으로 세상을 섬겼습니다. 사람들은 삶을 지배하는 거짓된 불의에 매여 있습니다. 구원은 이 죄와 불의가 소멸되는 것입니다. 죄와 불의가 사라지면, 놀랍게도 그 질긴 자아를 지배하던 욕심과 욕망이 힘을 잃습니다. 내 모든 것이 하나님 의를 이루는 데 사용됩니다. 그리고 이것은 교회와 개인의 삶에서 구체적으로 드러납니다.

신앙에서 가장 중요한 것은 성경적 원리에 얼마만큼 가까이 있느냐는 것입니다. 교회는 자기 삶의 기준을 성경에서 찾아야 합니다. 성경은 교회와 성도에게 '거룩'과 '순결'을 가르칩니다 (레 19:2). 우리가 거룩해야 하는 이유는 하나님이 거룩하시기 때문입니다. 순결을 가르치는 것은, 거룩은 순결한 삶을 통해 나타나기 때문입니다.

성경의 가르침을 따르기가 결코 쉽지는 않습니다. 어떻게 살아야 하는지는 익히 알지만, 그 교훈대로 살기에는 장애물이 많기 때문입니다. 일상의 분주함과 우선순위에 따른 영적 무관심, 무지 등으로 성경 말씀은 늘 뒷전으로 밀려납니다.

하지만 그 대가로 우리는 삶에 고난을 불러들이게 됩니다. 우리가 지금 맞고 있는 상황이 이를 뒷받침합니다. 다시 한번 교회와 성도가 말씀이 가르치는 거룩함을 회복하고 순결한 삶으로 복귀하여 거룩함을 나타내는 존재가 되어야 하겠습니다.

그러므로 형제들아 내가 하나님의 모든 자비하심으로 너희를 권하노니 너희 몸을 하나님이 기뻐하시는 거룩한 산 제물로 드리라 이는 너희가 드릴 영적 예배니라(롬 12:1).

우리 모두 늦추지 말고, 생각을 모아 순결한 삶을 살아가는 교회 공동체가 되길 원합니다. 하나님은 그렇게 새로워진 삶에 준비하신 은혜를 반드시 베풀어주실 것입니다.

말씀 안에 있는 능력

최근에 일어났던 여러 일을 떠올려보면 말을 잊게 만드는 사건이 많았습니다. 특히 문명국에서조차 코로나 사망자들을 트럭으로 옮기는 것을 보며 그토록 목숨 걸고 지켜왔던 인간의 존엄, 생명 존중의 가치들을 찾기 힘들었습니다. 의료 체계가 무너진 아수라 현장에서 한 사람의 생명은 그저 빨리 치워야 할 '수거물' 이상의 대접을 받기 어려웠습니다.

성경이 말하는 진정한 인간의 존엄, 인간 가치는 죽음을 앞둔 다윗의 고백을 통해 알 수 있습니다.

> 다윗이 죽을 날이 임박하매 그의 아들 솔로몬에게 명령하여 이르되 내가 이제 세상 모든 사람이 가는 길로 가게 되었노니 너는 힘써 대장부가 되고 네 하나님 여호와의 명령을 지켜 그 길로 행하여 그 법률과 계명과 율례와 증거를 모세의 율법에 기록된 대로 지키라 그리하면 네가 무엇을 하든지 어디로 가든지 형통할지라(왕상 2:1-3).

우리가 죽음과 같은 위기를 만났을 때 무엇을 맨 먼저 떠올리게 될까요? 지금까지 이룬 것, 누린 것보다는 하나님과 어떤 관계를 맺으며 살아왔느냐를 반추하게 되지 않을까요? 다윗은 삶을 마감하며 정리한 '형통한 삶의 비결'을 아들 솔로몬에게 유산으로 남깁니다. "여호와의 말씀을 지켜 행하라." 인간이 느끼는 최고의 행복을 '블리스'(Bliss)라고 합니다. 이는 어떤 것으로도 대신할 수 없는 절대적이고 완전한 기쁨을 의미합니다.

그렇다면 인생의 최고 행복은 무엇일까요? 다윗의 고백처럼 '하나님의 말씀 안에 있는 것'입니다. 작은 파도에도 죽음을 떠올리는 것이 인간이요, 눈에 보이지도 않는 바이러스에 이처럼 속수무책인 것이 인간입니다. 우리가 연약할수록, 피 말리는 상황 속에서도 다윗의 고백을 기억하길 바랍니다. 이것이 우리 인생을 다시 일으키는 생명의 능력이 됩니다.

예수님이 공생애를 시작하실 즈음에 두 사건이 있었습니다.

첫 번째는 예수님이 세례를 받으실 때, 하늘 문이 열리고 성령이 임하며 하늘의 음성이 들린 사건입니다. 예수님은 하늘이 열려 하나님 나라가 이 땅에 임하면서 본격적으로 공생애를 시작하셨는데, 예수 그리스도가 누구인지를 성령께서 온 세상에 선포하심으로 하나님 나라를 여셨습니다.

두 번째는 성령의 임재로 충만한 예수께서 성령이 이끄시는 대로 광야로 나가신 사건입니다(마 4:1). 예수님은 성령에게 이끌리어 거짓된 세상과 겨루시고자 광야로 나가셨습니다. 광야는 아무것도 없는 황량한 곳입니다. 이스라엘 백성이 끊임없이 삶의 결핍과 궁핍의 문제를 놓고 하나님과 씨름했던 곳이기도 합니다. 그들이 하나님을 믿음으로 대하지 못할 때마다 하나님은 정확한 때에 정확히 공급해주심으로 하나님의 하나님 되심을 알게 하셨습니다.

예수님은 이 광야에서 40일간 금식하셨습니다. 이는 절대적인 결핍과 궁핍 가운데 있었음을 말합니다. 성령께서 직접 이 황량한 광야로 예수님을 내모십니다. 주님은 공생애를 시작하시기 전에, 사랑하는 주의 사람들에게 알려주고 싶었습니다. 모든 거짓된 것으로 가득한 이 세상과 권세를 어떻게 하나님 나라가 되게 하시는지를 말입니다.

이 광야를 지배하는 것은 '거짓'입니다. 거짓과 사특한 것, 허무한 것들로 가득한 곳입니다. 그 광야에서 우리는 많은 결핍과 궁핍을 안고 살아갑니다.

사단이 거짓의 아비요, 거짓 영이라는 점에서 이 광야는 사단의 영역이기도 합니다(요 8:44). 예수님이 이 땅에 하나님 나라를 세우시려면 먼저 이 땅의 권세 잡은 자요 거짓 영인 마귀를 무너뜨려야 했습니다. 그래서 40일을 금식하며 영적 무장을 하신 것입니다.

40일 금식으로 자신을 비우신 것은 이 마귀의 세력을 깨뜨릴 수 있는 유일한 통로가 '영적 무장'에 있음을 아셨기 때문입니다. 그래서 40일 금식 후에 예수님은 광야로 나가십니다.

이때 마귀는 집요하게 예수님을 붙잡고 늘어집니다. 세상에서 먹고사는 문제를 당신은 어떻게 해결해줄 수 있는가? 또한, 인간이 당당히 내세울 만한 삶의 조건은 무엇이냐고 물었습니다. 우리 모두 자기 존재를 얼마나 소중하게 여깁니까? '나'라는 존재를 특별하게 만들려고 얼마나 애쓰고 수고합니까?

또한, 인생의 근본, 근원이 어디서부터 비롯되느냐는 영적인 문제로 공격하기도 합니다. 광야같이 삭막한 세상에서, 온갖 거짓된 세상 논리에서, 주눅 들고 두려워하고 유혹에 넘어가기 쉬운 인생들이 이런 유혹을 어떻게 이겨낼 수 있을까요? 우리는 더 큰 권세에 의지해야 합니다.

무엇을 먹고 무엇을 마시고 살 것이냐는 마귀의 유혹에 예수님은 말씀으로 물리치십니다.

예수께서 대답하여 이르시되 기록되었으되 사람이 떡으로만 살 것이 아니요 하나님의 입으로부터 나오는 모든 말씀으로 살 것이라(마 4:4).

남과 비교하면서 자신을 드러내라는 마귀의 유혹에 예수님은 또한 말씀으로 대적하십니다.

또 기록되었으되 주 너의 하나님을 시험하지 말라 하였느니라 (마 4:7).

세상 권세 앞에서 가장 영광스럽게 만들어주겠으니, 자신을 섬기라고 유혹하는 마귀에게 예수님은 하나님만 섬기라는 말씀으로 물리치십니다.

이에 예수께서 말씀하시되 사탄아 물러가라 기록되었으되 주 너의 하나님께 경배하고 다만 그를 섬기라 하였느니라(마 4:10)

이처럼 마귀의 세력들이 총공세를 펼치는 인간의 결핍 문제에 대해 예수님은 오직 '말씀'으로 대적하십니다. 하나님 나라는, 그분의 말씀으로 세워지고 부흥하며, 세상을 이기는 능력을 부여받습니다. 그 능력으로 세워지는 나라가 곧 하나님 나라입니다.

우리는 오직 진리의 말씀으로 거짓을 이깁니다. 진리의 말씀이 세상의 모든 유혹과 핍박과 염려와 두려움에서 우리를 자유하게 합니다.

마귀는 떠나고 예수님만 홀로 남는 것이 아닙니다. 광야 한복판에 외로이 놓인 예수를 천사들이 수종듭니다. 마찬가지로, 하나님이 보내신 메신저들, 천군 천사들이 우리 삶에 여전히 함께합니다.

우리 모두 힘을 냅시다. 믿음을 놓치지 맙시다. 말씀을 붙잡읍시다. 진리 안에 머무십시다. 진리의 말씀을 사모하십시오. 이 말씀이 능력이 되고 권능이 되어 광야 같은 세상에서 사는 결핍 많은 우리 인생을 다시 새롭게 하고 강건하게 하실 것입니다. 하나님의 말씀을 끝까지 붙들고 인생을 멋지게 완주하기를 바랍니다.

용서의 능력

예루살렘이 그리 멀지 않았을 때, 아마도 베드로가 누군가와 크게 다퉜던 것 같습니다. 그는 예수님께 도전하듯 묻습니다. "그때에 베드로가 나아와 이르되 주여 형제가 내게 죄를 범하면 몇 번이나 용서하여 주리이까 일곱 번까지 하오리이까"(마 18:21).

예루살렘을 향할수록 예수님은 죄와 용서에 대해 깊이 성찰하셨을 것입니다. 죄 없으신 예수가 인간의 죄를 대신하는 것, 이것이 하나님 아버지의 뜻이요 사랑이기 때문입니다.

> 사랑은 여기 있으니 우리가 하나님을 사랑한 것이 아니요 하나님이 우리를 사랑하사 우리 죄를 속하기 위하여 화목제물로 그 아들을 보내셨음이라(요일 4:10).

그래서 십자가로 다가설수록 예수님에게는 이 용서의 문제가 점점 더 강하게 다가왔을 것입니다. 베드로가 용서에 대해 예수님께 다그치듯 물었을 때, 주님은 이것을 알려주고 싶으셨습니다. "그래 베드로야! 나를 따르는 사랑하는 자야. 앞으로 반석으로 이 세상의 죄를 용서의 힘으로 다스려갈 사람아. 용서란 바로 이것이란다."

일곱 번씩 일흔 번까지라도(마 18:22).

만일 하루에 일곱 번이라도 네게 죄를 짓고 일곱 번 네게 돌아와 내가 회개하노라 하거든 너는 용서하라 하시더라(눅 17:4).

여기서 알 수 있는 사실 하나는 용서에는 조건이 없다는 것입니다. '잘못은 상대방이 했는데 왜 내가 용서해야 하지?' 예수님은 이런 용서를 가르치지 않으셨습니다. 용서에는 한계가 없습니다. 용서는 무한하신 하나님의 성품이기 때문입니다.

C. S. 루이스는 용서에 관해 이렇게 말했습니다. "그리스도인이 된다는 것은 당신이 용서할 수 없다는 것을 용서하겠다는 의미다. 그 이유는 하나님이 용서할 수 없는 것을 용서하셨기 때문이다."

과거에 있었던 일 중, 지금까지 제게 심각한 영향을 주었던 것들이 별로 없다는 것에 감사합니다. 그러면서도 문득문득 생각이 날 때마다 불쾌감이 고개를 드는 사건도 있습니다. 다행히 곧 마음에서 사라지지만, 여전히 미움의 틀에서 벗어나지 못하고 자유롭지 못한 자신을 발견합니다. 과거의 일이 기억나 순간순간 치미는 분노를 어떻게 해야 할지 몰랐습니다. 예수님은 제게 해를 끼친 사람에게 집중하길 원하지 않으셨습니다. 오히려 용서의 하나님, 그 용서의 값을 치르신 예수님께 집중하길 원하십니다. 용서의 능력은 용서의 근원에서 나오기 때문입니다.

기독교의 아픈 과거 이야기 하나를 소개합니다. 크리스토퍼 콜럼버스의 이야기입니다. 그에게는 신세계를 향한 끝없는 야심과 욕망이 있었습니다. 당시 정치·경제적 이유로 돌파구를 찾으려는 유럽 사회 군주들과 선교를 목적으로 한 예수회의 전폭적인 지원을 받아 '인도'라고 믿었던 카리브 해의 바하마에 도착했습니다. 카리브 원주민 눈에 들어온 것은 콜럼버스가 몰고 온 스페인 함대에 휘날리던 십자가 표상이었습니다.

초기 원주민들과 접촉한 콜럼버스는 그들의 선량한 성품에 감동받았고 그들을 개종시키고자 했습니다. 그런데 원주민 중 일부가 보급품에 손을 대자 그만 화가 나 그들의 귀를 잘라버렸습니다. 강력한 처벌을 통해 원주민과의 기싸움에서 밀리지 않으려 했던 것입니다.

복음을 들어야 할 귀를 잘라버린 그 사건 이후 카리브 섬의 많은 원주민은 유럽의 막강한 군사력과 그들을 통해 전파된 전염병 때문에 거의 몰살당합니다. 콜럼버스 일행은 십자가 표식은 치켜들었지만, 십자가에 담긴 용서는 전혀 알지 못하는 자들이었습니다. 감정과 의지적 결단으로는 용서의 능력을 나타내지 못합니다. 그리고 용서는 우위를 점한 사람들이 베푸는 특혜가 아닙니다.

> 이와 같이 너희도 명령받은 것을 다 행한 후에 이르기를 우리는 무익한 종이라 우리가 하여야 할 일을 한 것뿐이라 할지니라(눅 17:10).

용서하시는 예수 앞에서, 용서받지 못할 나를 구원하신 주님 앞에서 '저는 아무것도 아닙니다'라는 고백이 위대한 용서를 낳습니다. 인생에서 우선하는 가치는 우리의 모든 것 되신 하나님을 사랑하는 것과 하나님이 부탁하신 이웃 사랑의 삶을 사는 것입니다. 그리고 이웃 사랑의 가장 큰 모습 중 하나가 바로 용서입니다.

> 이에 예수께서 이르시되 아버지 저들을 사하여 주옵소서 자기들이 하는 것을 알지 못함이니이다 하시더라(눅 23:34)

주님은 이 말씀을 끝으로 영원한 용서의 길을 가셨습니다. 그리고 온 인류에게는 구원의 길이 열렸습니다. 우리 모두 복잡하고 어렵고 앞을 예측 못할 지금의 어지러운 질서를 용서로 회복시키는 사람이 되어야 합니다.

성령의 능력

로마서 8장은 "그러므로"라는 한 단어로 시작합니다. 7장을 요약하자면, 내가 선한 것을 하고 싶은데 도리어 악한 행위만 한다는 것입니다.

> 내가 행하는 것을 내가 알지 못하노니 곧 내가 원하는 것은 행하지 아니하고 도리어 미워하는 것을 행함이라 ⋯ 내가 원하는 바 선은 행하지 아니하고 도리어 원하지 아니하는 바 악을 행하는도다(롬 7:15, 19).

> 여기에서 나는 법칙 하나를 발견하였습니다. 곧 나는 선을 행하려고 하는데, 그러한 나에게 악이 붙어 있다는 것입니다(롬 7:21, 새번역).

정반대되는 두 속성이 내 안에 있으니 얼마나 갈등과 아픔이 크겠습니까?

> 아, 나는 비참한 사람입니다. 누가 이 죽음의 몸에서 나를 건져주겠습니까?(롬 7:24, 새번역).

선을 원하나 악을 행할 수밖에 없는 나 자신이, 이중성격이 아주 지긋지긋하다는 고백입니다. 이런 갈등과 고민과 이중적인 자신을 하나님께서 예수 그리스도를 통해 건져주셨기 때문에 바울은 감사를 그치지 않습니다(롬 7:25).

우리는 이것을 '구원'이라고 말합니다. 구원은 죽음과 고통과 죄악에서 건짐받는 것입니다. 이 구원은 하나님 사랑이 우리에게 임했기 때문이고, 하나님의 사랑은 그리스도 예수를 통해 이 탄식에서 찬양으로 바뀌는 삶을 살도록 인도하십니다.

> 그러므로 이제 그리스도 예수 안에 있는 자에게는 결코 정죄함
> 이 없나니(롬 8:1).

이 놀라운 믿음을 가진 자는 이제 예수 안에 있습니다. 예수 안에 있다는 것은 곧 하나님의 자녀가 되었다는 의미입니다. 이 땅에 오신 하나님의 아들 예수를 믿는 사람에게는 하나님의 자녀가 되는 특권이 주어졌습니다. 자녀는 아버지가 책임집니다. 나의 모든 탄식을 다 감당해주시겠다는 것입니다. 우리의 아픔을 외면하지 않으시겠다는 것입니다. 예수 그리스도께서 이것을 약속하셨습니다. 한번 예수 믿고 하나님의 자녀가 되면 이 관계가 절대 깨어지지 않습니다.

> 누가 우리를 그리스도의 사랑에서 끊을 수 있겠습니까? 환난입
> 니까, 곤고입니까, 박해입니까, 굶주림입니까, 헐벗음입니까,

위협입니까, 또는 칼입니까?(롬 8:35, 새번역).

살다 보면 우리는 거짓말도 하고, 미워하기도, 싸우기도 합니다. 실수하거나 잘못도 숱하게 하고, 때로는 이중적일 수도 있습니다. 인간은 원래 죄인입니다. 아무리 노력하고 발버둥쳐도 오히려 더 죄 가운데 빠져들어 가는 존재입니다.

그러나 어떤 삶의 상황, 환경, 문제, 실수, 허물이라도 우리를 그리스도의 사랑에서 끊을 수 없습니다. 그리스도 예수로 인하여 생명의 영이신 성령이 우리의 모든 죄 된 성품과 잘못을 다스려 주시기 때문입니다. 우리는 잘못을 끌어안고 끙끙대지 말고 그 문제를 예수님 앞으로 가지고 나아와 "주님, 도와주십시오. 생명의 영이신 성령님 허물과 잘못을 주님의 능력으로 다루시고 바꾸어주십시오." 이렇게 기도할 수 있어야 합니다.

우리는 이미 예수의 사람입니다. 하나님의 자녀 된 권세로 우리는 세상 기준을 뛰어넘어 성령의 능력을 덧입게 됩니다. 하나님의 사랑은 끊어지지 않습니다. 자꾸 죄를 지을 수밖에 없는 연약한 우리, 지은 죄로 버림받을까 봐 두려운 우리를 성령께서 생명의 능력을 주셔서 두려움에서 벗어나게 해주십니다.

우리 모두, 다시 한번 믿음의 용기를 가지고 외쳐봅시다.

"예수의 생명, 성령의 법이 나를 살리셨습니다!"

3

좋은 것은
싸게 살 수 없다

· · · · ·

고백에 담긴 무게

파스칼은 수학자이자 과학자였고, 철학과 신학을 두루 섭렵한 17세기 최고의 지성인 중 한 명입니다. 신앙적 깊이가 더할수록 그가 고민한 것이 있었습니다. 이성적·지성적 판단으로는 하나님이 분명히 살아계시고, 세상 이치와는 다른 영적 진실이 존재한다는 사실은 분명했습니다. 그러나 하나님이 수학 공식처럼 이론이나 논리로 증명되는 분은 아니었습니다. 고민에 고민을 거듭한 끝에 그는 이렇게 고백했습니다.

"부정하기에는 지나치게 많은 것을 알고 있으며 확신하기에는 너무도 부족하구나. 오호라! 나는 불쌍한 자다."

어느 날 그는 마차 사고를 당한 후 간신히 살아남습니다. 인간이라는 존재를 깊이 성찰하던 중 하늘의 음성을 듣는 신비한 체험을 합니다. 그리고 『팡세』라는 기독교 변증서를 쓰면서 인간 이성과 지성으로는 알 수 없는 신적 세계가 있으며, 이는 오로지 하나님이 주신 영감으로만 알 수 있다고 고백했습니다. 그는 이성에서 영성으로 '이성 초월'의 은혜를 누렸습니다. 그런 다음 이렇게 고백합니다.

"철학자의 하나님, 과학자의 하나님, 지성과 이성의 하나님이 아닌 아브라함의 하나님, 이삭의 하나님, 야곱의 하나님."

이처럼 진정한 믿음의 고백은 인간의 의지, 상식과 이성이 아닌 전적인 하나님의 은혜 덕분임을 깨달을 때 가능합니다.

한번은 예수님이 제자들을 데리고 유대인의 왕래가 뜸한 갈릴리 북쪽 가이사랴 빌립보로 가셨습니다. 이곳은 이방인이 주류를 이루어 살던 곳으로, 따라다니던 무리에게서 잠깐 벗어날 기회였습니다. 예수님은 그곳에서 제자들에게 물으십니다.

> 예수와 제자들이 빌립보 가이사랴 여러 마을로 나가실새 길에서 제자들에게 물어 이르시되 사람들이 나를 누구라고 하느냐
> (막 8:27).

오병이어 기적 사건 이후 예수를 영웅으로 떠받들며 자신들의 정치 지도자로 삼으려는 민심이 커진 상황에서 던지신 질문이었습니다. 제자들은 각자 들은 이야기를 조합해 돌아가며 대

답합니다. "제자들이 여짜와 이르되 세례 요한이라 하고 더러는 엘리야, 더러는 선지자 중의 하나라 하나이다"(막 8:28). 여러 평가가 뒤섞여 시끌시끌합니다. 예수가 행한 많은 기적, 그의 능력을 보고 세례 요한, 엘리야, 몇몇 선지자와 같다는 소문이 있다고 말합니다. 그러자 예수님은 다시 물으십니다.

"너희는 나를 누구라 하느냐?"

세상 사람들 의견은 알았으니, 너희는 나를 어떻게 보는지 어떻게 생각하는지 물으신 겁니다. 지금 또 다른 기적을 바라고 나를 임금 삼으려는 저들과 너희는 무엇이 다르냐는 질문이었습니다. 제자들은 적잖이 당황할 수밖에 없었습니다. 사실, 제자들도 사람들의 생각과 크게 다르지 않은 수준이었기 때문입니다. 이때, 베드로가 나섭니다.

베드로가 대답하여 이르되 주는 그리스도시니이다 하매(막 8:29).

"주는 메시아, 그리스도이십니다." 그는 예수님의 질문에 '정확한' 대답을 내놓았습니다. 당시 메시아 혹은 그리스도는 그들이 일상적으로 사용하던 신앙 용어 중 하나였습니다. 가령 우리가 자주 사용하는 구원, 은혜, 은총처럼 구약 말씀에 기록된 용어로, 그 진정한 의미에는 큰 관심이 없었습니다. 베드로도 기억나는 대로 대답했을 것입니다.

그런데 마가가 베드로의 고백을 기록한 후 마태는 이렇게 별도의 주석을 달았습니다. "시몬 베드로가 대답하여 이르되 주는 그리스도시요 살아 계신 하나님의 아들이시니이다 예수께서 대답하여 이르시되 바요나 시몬아 네가 복이 있도다 이를 네게 알게 한 이는 혈육이 아니요 하늘에 계신 내 아버지시니라"(마 16:16-17).

예수님도 인정하셨듯이, 진정한 구원 고백은 인간의 이성과 지성, 철학적 사고와 수학적 논리에서 나오지 않습니다. 오직 하늘에 계신 하나님께서 주신 은혜의 선물로만 가능합니다. 그분이 주신 지식, 지혜, 통찰력, 영감으로만 가능한 것입니다. 야고보도 이 사실을 말합니다. "온갖 좋은 은사와 온전한 선물이 다 위로부터 빛들의 아버지께로부터 내려오나니 그는 변함도 없으시고 회전하는 그림자도 없으시니라"(약 1:7).

예수님은 베드로가 이 고백을 한 후에 마치 기다렸다는 듯이 메시아로서 당신께서 이루실 사명이 무엇인지 선언하십니다.

> 인자가 많은 고난을 받고 장로들과 대제사장들과 서기관들에게 버린 바 되어 죽임을 당하고 사흘 만에 살아나야 할 것을 비로소 그들에게 가르치시되(막 8:31).

십자가의 죽음과 부활, 고난을 통과해야 진정한 구원의 삶을 완성하는 그리스도로서의 사명을 자세히 풀어 가르치셨습니다. 하지만 베드로는 당시에 이 고백의 진정한 의미는 모른 채 하나님이 주신 영감으로 고백했기에 곧바로 다시 본래 모습으로 돌아가고 맙니다. 그리고 심지어 그리스도의 사명을 방해하기에 이릅니다(마 16:22).

이렇듯 우리는 언제든지, 얼마든지 영적인 생각을 하다가도 다시 이전 모습으로 돌아가기 잘하며, 믿음과 현실 사이에서 방황하기 쉬운 존재입니다.

고난주간 여섯째 날, 성 금요일에 예수님은 빌라도 법정으로 끌려가셨습니다. 십자가의 고난과 영광을 통과해야 인류의 구원을 이루실 수 있기에 기꺼이 감당하신 고난입니다. 그리고 이 고난당하신 그리스도 덕분에 우리는 결국 부활의 영광에 동참하는 존재가 되었습니다. 이제 우리 상식과 이성 안에서 그리스도를 데면데면하게 여기는 무지에서 벗어나 우리 인생 가운데, 또 이 시대 가운데 예수께서 행하신 일을 밝히 드러내는 존재가 되어야 합니다.

사람의 일, 그리스도의 일

"주는 그리스도이십니다." 이는 기독교의 가장 기본적인 교리요, 인생들에게 가장 근본적인 진리입니다. 베드로가 부지불식간에 그 의미도 제대로 모른 채 내던진 고백 같지만, 이는 하나님의 예정된 뜻이 온 세상에 선포되는 순간이었습니다. 그리스도는 구별된 존재, 어떤 목적 때문에 존재하는 특별한 존재, 분명하고 뚜렷한 사명을 지닌 존재입니다. 즉, 인간의 모든 죄와 허물을 대신해야 하는 사명을 지닌 존재입니다.

또한 그리스도는 하나님의 아들입니다. 곧 인간의 몸을 입고 이 땅에 오신 하나님이십니다. 죄와 사망의 권세에 묶여 있는 인생에게 영생을 주러 오신 분이십니다.

영생은 유일하신 하나님이 그분의 유일하신 독생자 예수를, 우리를 살리려고 보내주셨음을 믿는 것입니다(요 17:3). 베드로의 이 고백을 통해 예수님은 자신이 그리스도이신 것과 이 땅에 구원의 사명자로 오신 것을 밝히십니다(막 8:31).

그런데 이때 베드로는 예수님의 말씀을 가로막고 나섭니다. "드러내 놓고 이 말씀을 하시니 베드로가 예수를 붙들고 항변하매"(막 8:32). 마태는 이때의 상황에 대해 좀 더 세밀히 알려줍니다. "베드로가 예수를 붙들고 항변하여 이르되 주여 그리 마옵소서 이 일이 결코 주께 미치지 아니하리이다"(마 16:22).

베드로의 말뜻은, 자기가 책임질 테니 그런 말씀 마시라는 것입니다. 방금 '그리스도'라고 고백해 놓고도, 그리스도가 어떤 분인지, 어떤 사명을 가진 분인지 제대로 알지 못했던 것입니다. 이때 예수님은 베드로의 어설픈 신앙을 깨우쳐 주십니다. "네가 사람의 일을 생각하는도다." 사람의 일, 인간의 공명심만 앞세운 베드로에게 예수님은 진정한 그리스도의 길을 가르쳐 주십니다.

무리와 제자들을 불러 이르시되 누구든지 나를 따라오려거든
자기를 부인하고 자기 십자가를 지고 나를 따를 것이니라(막
8:34).

예수님이 드디어 '십자가'를 선언하셨습니다. "나를 진정으로
따라오려거든, 십자가 처형을 각오해야 한다"라고 단호하고 직
설적으로 말씀하셨습니다. 예수님이 십자가라는 말을 꺼내셨
을 때, 제자들은 순간 깊은 공포를 느꼈을 것입니다. 십자가에
서 처형당하는 모습을 익히 알던 그들인지라 잔혹한 장면이 눈
앞에 펼쳐졌을 것입니다.

우리에게 십자가는 어떤 의미로 다가옵니까? 이제는 너무도
익숙해져서 마음에 어떤 큰 울림도 주지 못하는, 그저 그런 무
미건조한 '용어'로 다가오지는 않는지요? 하지만 십자가는 그렇
게 쉽사리 듣고 흘릴 수 있는 말이 결코 아닙니다. 십자가는 끊
임없이 나를 부인해야만 감당할 수 있기 때문입니다. 그래서
예수님은 나를 따라오려거든 먼저 자신을 부인하라고 말씀하
셨습니다.

진정으로 예수 그리스도를 따르려면, 십자가를 함께 질 수
있으려면 자기를 부인해야 합니다. 자기 부인이란, 내 삶의 우
선되는 모든 것을 예수님께 내어 드리는 것입니다. 우리에게
가장 우선하는 것이란 우리를 가장 두렵게 만드는 것을 말합니
다. 어쩌면 죽음에 대한 공포일지 모르겠습니다. 그러므로 역

설적이게도 예수님은 이렇게 도전하십니다.

> 누구든지 자기 목숨을 구원하고자 하면 잃을 것이요 누구든지
> 나와 복음을 위하여 자기 목숨을 잃으면 구원하리라 사람이 만
> 일 온 천하를 얻고도 자기 목숨을 잃으면 무엇이 유익하리요 사
> 람이 무엇을 주고 자기 목숨과 바꾸겠느냐(막 8:35-37).

언뜻 보면 이 말씀은 '너는 죽음을 두려워 말라. 날 위해 죽으
면 천국 보상이 있다. 영원한 생명보험에 들어 있다' 정도의 뉘
앙스로 들립니다.

그러나 그런 뜻으로 하신 말씀이 아닙니다. 여기 담긴 진정
한 메시지는 "자기 목숨을 구하는 일을 멈추고, 그리스도를 인
생의 주인으로 삼으라"는 것입니다. 즉, 삶의 우선순위를 어디
에 두어야 하는지를 정해주신 것입니다. 이것이 자기 부인이
요, 예수님과 함께 십자가를 지는 능력입니다.

십자가는 죽음보다 강한 부활의 능력을 지녔습니다. 죄와 죽
음의 권세를 이기신 것이 바로 십자가입니다.

> 우리가 알거니와 우리의 옛사람이 예수와 함께 십자가에 못 박
> 힌 것은 죄의 몸이 죽어 다시는 우리가 죄에게 종노릇 하지 아
> 니하려 함이니(롬 6:6).

예수님을 그리스도로 고백하는 것, 예수님을 따르는 것, 다시는 죄에 휘둘리지 않으며 자기 부인으로 예수님과 함께 부활 능력으로 살아가는 것. 제자들이 십자가의 진정한 의미를 깨닫고 삶으로 온전히 받아들이기까지는 갈 길이 멀었습니다. 그렇지만 예수님은 순종하려는 자들에게 성령의 능력으로 이것을 가능하게 하셨습니다.

> 십자가의 도가 멸망하는 자들에게는 미련한 것이요 구원을 받는 우리에게는 하나님의 능력이라(고전 1:18).

우리도 마찬가지입니다. 이 말씀으로 삶의 우선순위를 다시 점검하며 예수님을 따를 때, 그리스도의 진정한 구원 능력이 우리 삶을 가득 채울 것입니다.

십자가, 섬김의 끝자리

제자들 사이의 다툼은 계속되었습니다(눅 22:24). 예수님은 그런 제자들에게 세상에서 힘 있는 자들도 자신이 생각하는 치열한 방식대로 살며 기득권을 유지하려 애쓰고, 때로는 '은인'(위대한 사람)이라고 칭찬도 받는다고 하십니다(눅 22:25).

하지만 너희는 이런 세상 구조, 가치와는 분명 다르게 살아야 하는 인생이라고 하십니다. 세상이 우선하여 내세우는 가치가 어떻든지 간에 바뀌지 않는 진리는 이것입니다.

> 너희는 그렇지 않을지니 너희 중에 큰 자는 젊은 자와 같고 다스리는 자는 섬기는 자와 같을지니라(눅 22:26).

제자들이 자리를 놓고 다투는 이때가 어떤 시간입니까? 유월절 그 밤에 벌어진 일입니다. 예수님을 죽이려는 계획이 이미 예루살렘에 가득한 그때입니다. "유월절이라 하는 무교절이 다가오매 대제사장들과 서기관들이 예수를 무슨 방도로 죽일까 궁리하니 이는 그들이 백성을 두려워함이더라"(눅 22:1-2).

제자인 가룟 유다가 여기 앞장섰습니다. 그 밤에 예수님은 제자들과 함께 만찬을 나누셨습니다. 이 유월절 식탁에서 제자들 사이에 분쟁이 일어난 것입니다.

사실 제자들은 스승과 함께 입성한 이 예루살렘에서 곧 거대한 혁명이 일어날 것을 크게 기대하고 있었습니다. 그리고 자신들에게도 영광 얻을 기회가 오고 있다고 생각했습니다. 이미 세상은 예수님의 권능으로 자기 것이 되었고, 이제 각자에게 떨어질 열매만 기대하는 모습이었습니다.

이때 예수님은 세상이 어떠하다 해도 "너희는 나를 따르라, 나의 길을 따르라"고 하십니다. 그리고 섬김이 무엇인지 몸소 보여주셨습니다.

앉아서 먹는 자가 크냐 섬기는 자가 크냐 앉아서 먹는 자가 아

니냐 그러나 나는 섬기는 자로 너희 중에 있노라(눅 22:27).

세상에는 지배하는 자와 지배당하는 자들만 있지 않습니다. 구원은 '섬기는 자'를 통해 이루어집니다. 이 세상에 꼭 필요한 것은 지배와 피지배의 싸움이 아니라 바로 '섬김'입니다. 섬김만이 진정으로 세상을 지배하는 능력입니다.

예수님은 이 연약한 제자들, 끝까지 포기할 수 없는 사랑하는 제자들을 위해 그들의 더러운 발을 하나하나 씻기십니다.

저녁 잡수시던 자리에서 일어나 겉옷을 벗고 수건을 가져다가

허리에 두르시고 이에 대야에 물을 떠서 제자들의 발을 씻으시

고 그 두르신 수건으로 닦기를 시작하여(요 13:4-5).

섬김은 남에게 주장하고 가르치는 것이 아닙니다. 세상은 내 발을 씻길 자를 찾고 씻으라고 합니다. 높은 자가 섬김받는 게 당연합니다. 그러나 예수님은 섬김을 가르치시고 몸소 보여 주십니다. 섬김은 서로의 발을 씻는 것이고, 서로에게 자신의 더러운 발을 맡기는 것입니다. 그리고 상대방의 발을 기꺼이 받아들이는 것입니다. 예수님은 그렇게 본을 보이시고 섬김의 끝자리인 십자가로 가셨습니다.

이때 베드로가 의미심장한 말을 합니다. 예수님의 섬김을 거

부한 것입니다. "베드로가 이르되 주여 주께서 내 발을 씻으시나이까"(요 13:6). 충분히 이해할 만한 상황입니다. 어떻게 스승이 제자를, 높은 자가 낮은 자를 씻길 수 있습니까? 세상 이치로는 결코 그럴 수 없습니다. 베드로는 세상에서 통용되는 상식을 고집합니다. 이때 예수님은 말씀하십니다.

> 예수께서 대답하시되 내가 너를 씻어 주지 아니하면 네가 나와
> 상관이 없느니라(요 13:8).

섬김은 예수님이 죄인 된 인간에게 엎드려 발을 씻기는 고백이요, 십자가에 오르신 예수 그리스도께서 완성하신 희생의 실재입니다.

> 인자가 온 것은 섬김을 받으려 함이 아니라 도리어 섬기려 하고
> 자기 목숨을 많은 사람의 대속물로 주려 함이니라(마 20:28).

> 사람의 모양으로 나타나사 자기를 낮추시고 죽기까지 복종하
> 셨으니 곧 십자가에 죽으심이라(빌 2:8).

예수님께서 우리를 섬기신 것이 십자가입니다. 예수님이 나를 따르라 하신 우리의 십자가는 누구이며, 어디에 있을까요?

162

한번은 명함을 정리하는데 어떤 목사님이 눈에 띄었습니다. 너무 오랜만이기도 하고 서로 잘 모르는지라 그냥 넘어가려는 데 문득 연락해봐야겠다는 생각이 들어 전화를 드렸습니다.

이런저런 안부를 나누는데 왠지 기운이 없는 것 같아 물었더니 교회 임대료 문제였습니다. 무조건 계좌번호를 물은 다음, 있는 대로 보내드렸는데 나중에 알고 보니 그 금액이 정확히 월 임대료였습니다.

이때 목사님은 다음 또 그다음은 어떻게 하나 염려하는 마음이 들면서도 하나님이 당신의 목회를 여전히 붙들고 계신다는 것을 사인으로 받고 눈물의 밤을 보냈다고 전해주셨습니다.

그래서 결심했습니다. 따지거나 재지 말고 그때그때 주시는 감동에 따라 살자고.

말씀의 권위에 순종할 때 누리는 평안

제자들은 예수님을 모시고 다른 곳으로 옮겨가고자 배를 탔습니다. 갈릴리 바다 이쪽저쪽을 다니기에는 배가 가장 편한 교통수단이기 때문입니다. 갈릴리 바다는 산악지형 높은 곳에 자리한 호수인지라 일교차가 심해, 밤이 되면 차가워진 공기가 밀려와 갑작스러운 돌풍이 일곤 합니다. 하필이면 예수님을 모시고 다른 곳으로 가다가 돌풍을 만난 겁니다. 해가 진 어두운

밤, 배는 요동을 치고 물이 미친 듯이 배 안으로 들어왔습니다. 이러다간 배가 뒤집혀 모두 죽을 수도 있었습니다.

제자들은 아우성칩니다.

"예수님! 살려주세요. 뭐 좀 해보세요!"

제자들의 다급한 아우성에 예수님은 말씀하십니다.

"믿음이 적은 자들아, 어찌하여 무서워하느냐?"

그러고는 바다를 잠잠하게 하셨습니다.

제자들은 평소에도 예수님 말씀의 권위에 익숙했습니다. 말씀으로 귀신을 쫓아내고 모든 병든 것과 약한 것을 다 회복시키시는 것을 직접 목격했기 때문입니다(마 7:28-29 참조). 그 현장에 제자들도 함께 있었습니다. 그러나 갑자기 위기 상황을 만나자 평소 체험했던 말씀에 대한 믿음은 순식간에 사라지고 공포가 그들을 지배했습니다.

그렇습니다. 아무리 진리를 알고, 깨달았어도 다급한 현실, 예기치 못한 상황을 만나면 믿음은 힘을 발휘하지 못하고 물거품처럼 사라지고 맙니다. 말씀의 권위보다 돌풍이 주는 현실적인 두려움이 더 크게 다가옵니다.

믿음이 하루아침에 완성되는 것은 아닙니다. 믿음에는 여정이 있습니다. 그 여정에는 고난과 폭풍우가 함께합니다. 그래서 두려움과 공포와 아우성이 뒤섞여 있는 것이 당연합니다.

폭풍우 속에서도 주님이 함께하시면, 믿음의 주가 함께하시면 배우는 것이 있습니다. 믿음의 주님 앞에 잔잔해지는 폭풍

우를 볼 수 있습니다. 믿음의 권위 앞에 순종하게 됩니다.

우리 삶에 밀어닥친 폭풍우에 아무리 아우성을 친다고 해도 문제가 해결되지는 않습니다. 나를 따르라고 하신 주님과 함께 믿음의 여정을 함께하는 과정에서 예수님은 세상이 줄 수 없는 평강을 주십니다. 예수님이 제자들을 향해 "나를 따르라" 하실 때는, 그들과 이 믿음의 여정을 함께하시며 세상에서 승리하는 참믿음을 갖게 하시려는 것입니다.

휘몰아치는 폭풍 같은 삶 한가운데를 지나면서도 다윗은 고백했습니다. "여호와는 나의 목자시니 내게 부족함이 없으리로다"(시 23:1).

사도바울도 수많은 고난 속에서도 이렇게 기록했습니다. "높음이나 깊음이나 다른 어떤 피조물이라도 우리를 우리 주 그리스도 예수 안에 있는 하나님의 사랑에서 끊을 수 없으리라"(롬 8:39).

베드로의 고백도 한결같습니다. "그러므로 너희가 이제 여러 가지 시험으로 말미암아 잠깐 근심하게 되지 않을 수 없으나 오히려 크게 기뻐하는도다"(벧전 1:6).

돌아보십시오. 우리 모두 인생의 배에 모든 것을 다스리시고 믿음의 주인 되시는 예수 그리스도를 모시지 않았습니까? 그러니 담대한 믿음으로 나아갑시다. 주님이 주신 말씀의 권위를 당신의 믿음과 삶으로 나타내십시오.

4장

마음의 회복

주신 것을 다 쓰고 가는 인생

1

우리가 여는
주님의 길

· · · · ·

교회를 통해 꿈꾸시는 하나님

세례요한은 회개를 외치다 잡혀갔습니다(마 4:12). 이후 예수님은 회개의 복음을 더 강하게 선포합니다. 실제로 예수님의 공생애는 이 말씀으로 시작됩니다.

이때부터 예수께서 비로소 전파하여 이르시되 회개하라 천국
이 가까이 왔느니라 하시더라(마 4:17).

그러나 세례요한을 잡아간 세상은 예수의 말씀도 거부했습니다. 예수님은 또 다른 메시지를 준비하십니다. 그것은 음부의 권세가 절대로 이기지 못할 새로운 메시지, 바로 '교회'입니

다. 아직 이 땅에 존재하지는 않았으나 장차 세우실 교회에 대해 예수님은 이같이 말씀하셨습니다.

> 또 내가 네게 이르노니 너는 베드로라 내가 이 반석 위에 내 교회를 세우리니 음부의 권세가 이기지 못하리라(마 16:19).

건물을 지으려면 기초를 놓아야 하고, 여러 설계가 필요합니다. 예수님은 제자들이 앞으로 이루어갈 모든 것을 미리 보시고 교회 건물을 설계하십니다. 주님은 여기에서 교회 건축의 세부 사항을 말씀하지 않으십니다. '주는 그리스도'라고 외친 고백을 교회의 기초로 쓰시겠다고 합니다. 이 반석은 교회를 세우는 '터'이고, 터는 곧 예수 그리스도를 말합니다. 이처럼 교회는 믿음의 고백을 기초로 합니다.

> 우리는 하나님의 동역자들이요 너희는 하나님의 밭이요 하나님의 집이니라 내게 주신 하나님의 은혜를 따라 내가 지혜로운 건축자와 같이 터를 닦아 두매 다른 이가 그 위에 세우나 그러나 각각 어떻게 그 위에 세울까를 조심할지니라 이 닦아 둔 것 외에 능히 다른 터를 닦아 둘 자가 없으니 이 터는 곧 예수 그리스도라(고전 3:9-11).

그렇습니다. 얼떨결에 한 고백 덕분에 시몬은 베드로가 되었지만, 실제 반석은 오직 예수 그리스도이십니다. 베드로의 고백만으로 교회가 세워진 것은 아닙니다. 하나님께서 그리스도를 통해 교회를 세우시려고 베드로를 통해 고백하게 하신 것입니다. 예수님이라는 반석 위에 세워진 교회는 세상 어떤 기초보다 단단합니다.

하나님은 꿈을 꾸십니다. 교회를 통해 이 땅을 새롭게 하실 꿈입니다. 교회를 세우기 위해 교회이신 예수 그리스도를 이 땅에 보내서 교회의 기초가 될 구원의 십자가를 지게 하신 것입니다. 그리고 하나님의 예정된 뜻을 예수 그리스도를 통해 성취하셨습니다. 십자가를 지신 예수님은 다시 살아나셔서 영생의 삶을 보여주셨습니다.

예수 그리스도는 그 십자가를 기초로 구원의 방주인 교회를 세우고자 하셨습니다. 사실, 교회는 당신의 몸으로 친히 지으신 성도의 연합이며, 예수 그리스도 자신과 같습니다.

> 교회는 그의 몸이니 만물 안에서 만물을 충만하게 하시는 이의 충만함이니라(엡 1:23).

하지만 안타깝게도, 그렇게 대단한 고백을 한 뒤에 베드로는 끝없는 나락으로 떨어집니다. 사람의 일을 먼저 생각하다 예수님의 계획을 훼방하는 자가 되었고, 예수님이 죽음의 길로 내몰릴 때 부인하고 저주했습니다.

자기가 선택한 삶에 대한 보상만 바랐고, 모든 것이 기대에 못 미치는 순간 자기 삶의 자리로 돌아가버렸습니다. 하지만 예수님은 이런 베드로를 끝까지 세워 인류 구원의 통로인 교회를 세우십니다. 회개의 능력을 부어주시고 성령으로 거듭나게 하실 뿐 아니라 진정한 교회 되게 하셨습니다.

먼 훗날 베드로는 이렇게 고백합니다.

> 너희도 산돌같이 신령한 집으로 세워지고 예수 그리스도로 말미암아 하나님이 기쁘게 받으실 신령한 제사를 드릴 거룩한 제사장이 될지니라(벧전 2:5).

베드로의 고백은 "주는 그리스도이십니다"에서 "여러분도 산돌처럼 신령한 집으로 세워져 가십시오"로 깊어졌습니다. 신령한 집, 진정한 교회를 세우시려는 하나님의 '그레이트 프로젝트' 안에 나도 들어 있음을 전심으로 기뻐합시다. 우리 모두 부활의 주님을 고백하고 기뻐할 뿐만 아니라 각 사람이 부활의 주님이 완성해가실, 음부의 권세가 이기지 못할 주님의 교회로 살아갑시다.

이 시대에 하나님의 역사는 어떻게 흘러가고 있을까요? 팬데믹 이후에 새신자나 성도들과 이야기를 나누다 보면 영적 갈급함이 많습니다. 신선한 공기를 그리워하고 좋은 데 놀러 가고 싶은 정도가 아니라 인생의 가치관에 대한 내적 변화가 상당히 많이 일어났습니다. 뭔가 품격 있고, 더 나은 세상을 향한 갈망들… 그것을 위해 의미 있다고 생각하면 나도 희생할 수 있다는 마음이 팬데믹 시대에 많이 커졌습니다. 믿지 않는 사람에게도 같은 현상을 목격합니다. 어떻게 이 마음을 하나로 모아 삶의 갈증을 채우고 공동선을 위한 영향력을 이끌어내느냐는 이제 교회의 책임입니다.

사도행전 2장을 보면 기도하던 사람들에게 성령이 임합니다. 그리고 이들 덕분에 예루살렘에는 거대한 예배 공동체가 탄생합니다. 예수께서 약속하신 보혜사 성령이 임하자 이 땅에는 새 시대가 열리고, 새 문명이 탄생합니다.

지난 20세기의 부흥은 전 세대적인 부흥이었다면 앞으로의 부흥은 개인마다, 사회마다, 조직마다 편차가 있을 것입니다. 이제는 준비된 사람, 준비된 공동체를 통해 부흥의 길을 여시고 이끌어가십니다.

그러므로 교회는 더더욱 전문 영역 안으로 들어가야 합니다. 성도들은 다 자기 분야에선 전문가입니다. 예전이야 그런 사람이 드물었지만, 지금은 전문 직종에 종사하며 사회에서도 선한 영향력을 끼치는 사람이 많습니다. 그 각각의 영역에서 선교가 일어나야 합니다. 그 안에서 성령의 역사가 일어나면 이 복음 확장은 교회의 이름으로 전달되는 게 아니라 성도들이 그 부흥을 주도하는 모습이 됩니다.

기초 작업은 교회가 제공하되 그 부르심을 옮겨 받은 성도 역시 교회이니, 이들이 움직이는 곳에서 바로 이런 변화의 역사가 일어나도록 하는 것이 이 시대 선교의 큰 흐름이 되어야 합니다. 다시 말하자면, 교회는 영성의 기초를 제공하고 이를 이어받은 성도들이 흩어진 곳에서 열매가 맺히도록 해야 합니다. 이것이 선교적 공동체의 개념입니다. 이처럼 믿음의 사람들의 변화된 삶으로 채워지는 것이 교회입니다. 성도가 자기 일상에서 선교사로 살아가야 한다는 의미이기도 합니다. 이것을 제2의 성령 운동이라고 부를 수도 있습니다.

제가 감히 하나님의 뜻이라고 말하기는 어렵지만 그렇게 방향 전환이 된 것을 자주 봅니다. 실제로 목회 현장, 사회 현장을 보면 특정인, 특정 집단, 특정 활동을 통해 소규모로 부흥이 일어나는 걸 봅니다. 이제는 보편적이지 않습니다. 사회나 교회 전반적으로는 큰 부흥이 잘 관측되지 않지만, 부분 부분에서 산발적으로 굉장히 강한 역사를 목격할 수 있습니다.

어렸을 때의 기억이 새롭습니다. 추운 겨울, 이른 새벽에 발은 얼고 귀는 시렸으며 하늘의 별도 추워 보이는 그런 날이었습니다. 신년부흥회는 일주일 동안 진행되었습니다. 당시 초등학교 5학년이던 저는 부모님에게 끌려 함께 새벽기도회에 참여했습니다.

기도회마다 난리였습니다. 나중에 성경을 통해 보니 제 눈앞에서 펼쳐졌던 일들은 사도행전에 기록된 말씀과 무척 유사

했습니다. 권사님들이 끓여주신 국밥 먹고 기도하고, 깔아놓은 이불 위에서 자다 기도회에 또다시 참석하고, 그러다 방언도 받았습니다. 어린아이 안에 웬 죄가 그리도 많은지 회개도 많이 했습니다.

그런 시절을 보내며 저희 집도 조금씩 일어서기 시작했고, 세상도 급격히 달라지고 성장하기 시작했습니다. 기도의 시대, 기도의 날을 보내며 개인, 가정, 교회, 나라가 부흥하는 것을 보았습니다.

젊은 시절 잠시 신앙생활을 접고 있다가 30대 중반에 다시 돌아왔습니다. 이제 교회는 여기저기서 사회의 중심 역할을 하고 있었지만 왠지 뜨겁다는 느낌은 들지 않았습니다.

어렸을 때의 기도 경험과 토대는 여전히 마음에 살아 있었고 다시 기도의 불이 붙자 치유의 은사를 포함하여 숨겨진 은사들이 나타나기 시작하였으며, 그 후 제가 맡은 공동체에 기도 부흥을 일으키는 동기가 되었습니다.

기도 부흥이 성령 부흥의 시작입니다.

기도 역사가 성령 역사를 일으키는 힘입니다.

지금 이 어려운 시기에 하나님은 우리에게 다시 한번 기회를 주신다고 생각합니다. 제가 어렸을 때 경험했던 영적 부흥, 삶의 부흥의 역사는 시대와 세대, 문명이 달라졌더라도 동일하게 일어날 것입니다.

부활 그 후, 제자의 삶

베드로가 예수의 그리스도 되심을 고백한 후, 예수님은 이 제부터 앞으로 가실 길을 명확하게 밝히십니다. 죽음과 부활을 거치면서 그리스도께서 펼쳐갈 구원 역사를 선포하시자 제자들은 극도의 혼란에 빠집니다. 이 가르침은 제자들에게 매우 충격적이었습니다. 예수님이 그리스도라는 말에 담긴 무게감을 알게 된 그들은 다음 말을 꺼내기 쉽지 않았을 것입니다.

베드로가 나서서 자신이 책임지고 예수 그리스도가 겪을 일을 막겠다고 나섰습니다. 자기도 모르게 하나님의 일을 방해하겠다고 나선 것입니다. 그런 베드로에게 예수님은 "인생의 우선순위를 나에게 두고 십자가를 지고 따르라. 그러기 위해서는 가장 소중한 우선순위인 목숨까지도 각오해야 한다"라고 말씀하십니다.

> 사람이 만일 온 천하를 얻고도 자기를 잃든지 빼앗기든지 하면 무엇이 유익하리요(눅 9:25).

그리고는 가이사랴 빌립보 지방의 가장 높은 산(헤르몬산으로 추정)으로 베드로, 야고보, 요한을 데리고 가셨습니다. 혼란에 빠진 제자들에게 좀 더 분명하고 뚜렷한 그리스도의 모습을, 또 그리스도의 사명을 나타내 그들의 믿음을 더욱 견고하게 하려는 것이었습니다. 예수님은 이곳 높은 산에서 매우 의미 있는 사건을 준비하셨습니다. 누가는 이 일이 밤에 일어났다고 진술합니다(눅 9:32).

피곤이 몰려와 그들은 잠이 들었습니다. 문득 깨어보니 도무지 이해할 수 없는 광경이 펼쳐지고 있었습니다. 예수님의 모습이 이전과는 완전히 달랐던 것입니다.

> 그들 앞에서 변형되사 그 얼굴이 해같이 빛나며 옷이 빛과 같이 희어졌더라(마 17:2).

'변형되사', 즉 예수 그리스도께서 본래 형상을 나타내신 것입니다. 이 모습은 예수님이 하나님이신 것을 알게 합니다. "그는 근본 하나님의 본체시나"(빌 2:6). "말씀이 육신이 되어 우리 가운데 거하시매 우리가 그의 영광을 보니 아버지의 독생자의 영광이요 은혜와 진리가 충만하더라"(요 1:14).

원래 하나님이셨던 예수님의 모습, 그리스도로 이 땅에 오신 하나님의 본체 곧 하나님의 영광으로 충만한 모습이었습니다. 예수님에게서 얼마나 강력한 광채가 났던지, 마가는 이렇게 고백했습니다.

> 그 옷이 광채가 나며 세상에서 빨래하는 자가 그렇게 희게 할 수 없을 만큼 매우 희어졌더라(막 9:3).

은혜와 진리가 인간의 삶으로 다가올 때 보이는 신적 세계…. 자다가 깬 제자들의 눈앞에서 펼쳐진 이 놀랍고 기이한 장면. 제자들이 본 이 환상은 무엇을 말하려는 것일까요? 이 내용을 누가는 좀 더 상세히 전달합니다.

문득 두 사람이 예수와 함께 말하니 이는 모세와 엘리야라 영광 중에 나타나서 장차 예수께서 예루살렘에서 별세하실 것을 말할 새(눅 9:30-31).

율법의 권위자 모세와 능력과 예언의 권위자 엘리야가 예수님과 함께 나눈 대화는 예수님이 그리스도로서 담당하실 사명이 무엇인지 보여줍니다. 예수께서 예루살렘에서 별세하실 것, 곧 그리스도께서 완성하실 사명을 논의합니다(마 16:21).

제자들에게 말씀하셨던 유월절에 예루살렘에서 겪으실 일, 즉 십자가가 기다리고 있음을 예언하셨던 것입니다. 살아가며 미래를 정확히 예측하는 일은 불가능합니다. 그러나 지금 예수님은 모세, 엘리야와 함께 앞날을 내다보며 확실히 이루어질 일을 선언하십니다. 이 환상을 보고 난 뒤, 모세와 엘리야가 예수님과 더불어 두런두런 말씀 나누는 소리를 들으며 베드로와 제자들은 다시 잠들었습니다.

문득 깨어보니, 두 사람이 떠나려고 합니다. 이때 베드로는 사라지는 환상을 붙들고 잠에서 덜 깬 채 이렇게 말합니다.

베드로가 예수께 여쭈어 이르되 주여 우리가 여기 있는 것이 좋
사오니 만일 주께서 원하시면 내가 여기서 초막 셋을 짓되 하나
는 주님을 위하여, 하나는 모세를 위하여, 하나는 엘리야를 위
하여 하리이다(마 17:4).

아마도 이때가 이스라엘 절기 중 초막절(장막절)이 가까운 때
인지라 순간 베드로는 초막을 짓고, 함께 거하며 오래도록 이
환상을 음미하고 싶었을 것입니다. 그러다가 예수님과 함께 있
던 두 사람이 떠나려 하니 황급히 제안한 것이지요. 우리가 이
런 하나님의 임재를 체험한다면 어떻게 반응할까요?

제게도 이런 체험이 있습니다. 광림기도원에 홀로 있을 때
개인 기도방에서 밤새 씨름 후 새벽에 산책길을 나섰을 때였습
니다. 그때 불어오던 바람 냄새와 느낌이 아직도 잊히지 않습
니다. 밝아오는 아침 해와 함께 그 시간이 사라져 가는 것이 얼
마나 아쉬웠는지 모릅니다.

베드로도 졸다가 이 환상을 보았지만 깨어나 보니 모든 상황
이 종료된 후였습니다. 얼마나 아쉬웠을까요. 환상이 사라질 때
그 차가운 산 공기를 뚫고 어떤 소리가 들려옵니다.

말할 때에 홀연히 빛난 구름이 그들을 덮으며 구름 속에서 소리
가 나서 이르시되 이는 내 사랑하는 아들이요 내 기뻐하는 자니
너희는 그의 말을 들으라 하시는지라(마 17:5).

삶의 최우선을 예수 그리스도로 삼고, 그분을 따르는 것 그리고 하나님 사랑과 기쁨을 그리스도와 함께 소유하는 것이야말로 인생 최고의 위로요 행복일 것입니다. 진리와 생명 되신 예수를 따르면 부활의 능력, 영생의 삶을 사는 비결을 간직한 자가 됩니다(요 11:25).

그리고 이 모든 환상을 뒤로한 채 주님은 제자들과 함께 산을 내려가십니다. 변화산에서 내려오시며 예수님은 마지막으로 당부하십니다. "그들이 산에서 내려올 때에 예수께서 경고하시되 인자가 죽은 자 가운데서 살아날 때까지는 본 것을 아무에게도 이르지 말라 하시니 그들이 이 말씀을 마음에 두며 서로 문의하되 죽은 자 가운데서 살아나는 것이 무엇일까 하고"(막 9:9-10).

그날 밤, 빛 되신 예수님도 보지 못하고, 모세와 엘리야도 보지 못하고, 하나님 음성도 듣지 못했다면 그들은 예수님의 죽음과 부활에 담긴 권능과 의미에 관해 전혀 깨닫지 못했을 것입니다. 하지만 변화산 경험을 통해, 앞으로 예수께 일어날 일들과 그들의 미래에 일어날 일을 알게 됩니다.

예수님은 변화산에서 함께했던 제자들에게 죽음과 부활 이후 그리스도의 사명을 맡기십니다. 그리고 부활 후 제자들에게 참된 진리와 생명의 길을 세상에 보이고, 부활 생명의 능력을 나타내라고 당부하셨습니다. 오늘 보고 알고 깨달은 그리스도의 모습을 나타내고 증거하라고 하셨습니다.

너희는 이 모든 일의 증인이라(눅 24:28).

영생이란 영원이라는 하나님의 시간 속에서 하나님과 함께하고 그분과 누리는 삶 전체를 말합니다. 참된 진리의 길, 진리 되신 생명, 생명 되신 빛 안에 거하는 삶을 말합니다. 예수 안에 거하는 것, 예수를 믿는 것, 예수와 함께하는 것이 바로 영원한 생명을 소유하는 삶입니다. 부활에는 진리와 생명으로 살아가는 사람에게 허락된 세 가지 축복이 있습니다.

첫 번째, 평강의 복입니다. 두려워 문 꼭꼭 걸어 잠그고 숨어 있는 제자들을 향하여 부활하신 예수님이 다가오셔서 평강을 선포하십니다(요 20:19). 이 평안은 예수의 평안이요. 예수님과 함께 있을 때 누리는 능력입니다.

평안을 너희에게 끼치노니 곧 나의 평안을 너희에게 주노라 내가 너희에게 주는 것은 세상이 주는 것과 같지 아니하니라 너희는 마음에 근심하지도 말고 두려워하지도 말라(요 14:27).

세상이 가져다주는 평안은, 한순간 잠시의 안락이고 약간의 포근함과 만족감을 줍니다. 그것은 지속하지 못하기 때문에 '약간'이라고 했습니다. 죽음을 이긴 능력보다 강한 것이 예수님이 주시는 평안입니다. 죽음을 이길 수 있는 능력보다 더 강한 것은 없기 때문입니다.

이제 예수님은 지상에서의 모든 생애를 마치고 십자가를 지기 전, 제자들과 최후의 만찬을 나누십니다. 그 자리에서 거듭 강조하십니다. "이 평안이 너희에게도 임할 것이다." "내가 떠나더라도 너희를 홀로 두지 않겠다." 십자가 지시기 전에 평안을, 십자가 사건 후에도 평안을 강조하셨습니다. 예수 그리스도 자신이 곧 평안이시기 때문입니다.

두 번째, 보내심의 은혜입니다. 평강을 선포하신 후, 곧바로 이제 그들을 보내십니다. 주님이 주시는 평강을 소유한 사람만이 진정 주님이 맡기신 일을 할 수 있습니다.

예수께서 또 이르시되 너희에게 평강이 있을지어다 아버지께서 나를 보내신 것같이 나도 너희를 보내노라(요 20:21).

예수님은 그 평안의 세계, 영원한 생명의 나라에서 주인으로 계시다가, 이 죽음의 땅으로 오셔서 생명의 길, 진리의 길, 구원의 길을 여셨습니다. 우리 안에 평강의 은혜가 있다면, 주님의 말씀을 지닌 우리는 다시 혼란과 무질서의 세상으로 나아가야 합니다. 내 안에 예수님의 평강만 있다면 겁낼 것 없습니다. 평강이 임하면, 내가 누구인지를 깨닫게 됩니다. 오늘 우리가 이 땅을 사는 이유 중 하나도 바로 이 평강을 나누는 사명이 있기 때문입니다.

세 번째, 용서의 능력입니다. 부활하신 예수님은 우리에게 강력한 능력, 권위를 주십니다. 용서는 모든 관계를 평강으로 이끄는 큰 능력입니다.

너희가 누구의 죄든지 사하면 사하여질 것이요 누구의 죄든지
그대로 두면 그대로 있으리라 하시니라(요 20:23).

용서는 죽어 있는 모든 것을 살리는 부활 능력의 근원입니다. 이 땅의 모든 관계를 강력하게 하나로 만드는 힘은 바로 용서에서 나옵니다.

미움과 분노는 죽음과 사망의 결과를 낳습니다. 그러나 용서는 모든 미움과 분노를 소멸시킬 뿐 아니라 그로 인한 죽음, 사망 권세를 깨뜨리는 능력이 있습니다. 예수님은 이 용서를 "서로 사랑하라"는 새 계명으로 도전하기도 하셨습니다.

우리 힘으로는 도저히 이길 수 없는 영역, 죄와 어둠의 세계를 무너뜨리는 강력한 능력이 용서의 능력이고, 부활하신 예수님은 이 용서의 권위를 우리에게 선물로 주셨습니다.

사실 '용서'는 인간에게는 불가능한 실천 영역입니다. 용서는 하나님의 영역이요, 하나님만 진정한 의미에서 용서를 베푸실 수 있습니다. 예수님은 구원자 그리스도로 오셔서, 죄인 된 우리를 용서하시기 위해 스스로 화목제물이 되셨습니다. 이 부활하신 예수님을 나의 구주, 주인으로 삼으면 바로 하나님의 용서의 능력을 받아 순종할 수 있습니다.

우리의 영적인 눈이 열려, 오늘날 부활하신 예수께서 우리에게 평안과 사명, 용서의 능력을 주신 것을 볼 수 있기를 바랍니다. 그리하여 생명 역사로 가득한 부활의 능력으로 우리 삶과 부름받은 이 시대를 회복시킬 수 있길 소망합니다. 내 인생에서 진정한 사명과 살아갈 이유들, 목적과 가치들을 회복할 수 있기를 바랍니다.

이것이 하나님께서 사랑하시고 기뻐하시는 그리스도인의 삶입니다. 우리도 여전히 고난 중에 있지만, 우리 모두, 이 세대를 살아가며 부활의 증인으로 살아가길 기대합니다.

사랑은 '먼저'입니다

저와 절친한 장로님이 한 분 계십니다. 오랫동안 신앙의 희로애락을 함께해온 분인데 지금은 하나님 나라의 원리를 전하는 사도적 삶을 살고 계십니다.

이분이 예수님을 삶의 주인으로 고백한 지 얼마 되지 않았을 때, 어느 프로그램에 참여했다가 세족식을 하게 되었습니다. 섬기는 파트에 계셨기에 참가자의 발을 씻기는 역할이었습니다. 세족이 진행되는 동안 방을 채우는 감동의 찬양과 양말 벗기는 소리, 철벅거리는 물소리, 숨죽여 흐느끼는 소리가 섞여 은혜로운 분위기였습니다.

그런데 조금 성격이 급한 이분이 만난 첫 세족 대상은 하필이면 장갑을 낀 듯한 양말을 신은 발이었습니다. 훈련받은 대로 겸손히 양말을 하나하나 벗기는데 허리가 아프고 손끝이 아프더랍니다. 간신히 양말을 벗기고 세족을 마치고 안아주는 순간 헉헉거리는 거친 숨결과 뜨거운 눈물이 목덜미를 적셨습니다.

다음 사람으로 건너가 신발을 벗기는 순간 똑같은 상황이 일어납니다. 그래도 '이것도 은혜'라고 생각하며 최선을 다하는데 허리가 끊어질 듯 아프고 손목이 시리더랍니다. 마치고 함께 부둥켜안는 순간 똑같은 숨결과 눈물 세례를 받았지만 처음 감동만은 못했답니다.

그리고 세 번째 분의 신발을 벗기는 순간 같은 양말이…. 속에서 열불이 나 더 이상 양말에 손도 대기 싫었답니다. 인도하는 목사를 원망하고 이런 분들만 모아 앉힌 스태프를 향해 '사람을 뭘로 보고…' 하는 마음이 저절로 터져 나오더랍니다.

그때 심령에 울리는 주님의 음성.

'아들아! 나는 제자들 열둘을 씻겼다. 싸우고 다투고 스스로 높이는 이들을, 이제 조금 있으면 나를 팔려는 사랑하는 제자의 발도 씻겼단다. 나는 그들을 끝까지 사랑했단다.'

그 순간 더 이상 앞 사람의 발을 씻길 수 없어 하염없이 발목을 잡고 통곡하는데 상대방도 함께 엎드려 서로 부둥켜안고 울고 또 울었습니다. 결국, 세 번째 분은 끝까지 발을 씻기지 못한 채 프로그램을 끝내야 했습니다.

그분은 말없이 어깨를 들썩이며 울기만 했고 더 이상 이전의 제가 알던 분이 아니었습니다. 새벽부터 밤늦은 시간까지 자신을 필요로 하는 곳에는 어디든 달려가 복음 증거를 제시하는 사람이 되었습니다. 그분은 회계사이고 컨설턴트입니다. 자신의 달란트를 잘 사용해 하나님의 재정 원리를 적용하여 어떻게 하면 돈을 잘 벌고 잘 쓰는지를 가르치고 있으며, 나아가 베푸는 삶을 살도록 돕고 있습니다.

유월절 그 밤. 제자들과 함께하신 만찬 자리는 예수님에게는 너무나 큰 아픔이었습니다. 주님이 끝까지 사랑하셨는데, 끝까지 배신의 길을 간 가룟 유다와 서로 높은 데 마음을 두어 마음이 불편했던 제자들. 예수님은 그러나 이들을 포기하지 않습니다. "끝까지 사랑하시니라"(요 13:1).

그리고 새 계명을 주십니다.

> 새 계명을 너희에게 주노니 서로 사랑하라 내가 너희를 사랑한 것같이 너희도 서로 사랑하라(요 13:34).

앞으로 그들이 가야 할 길을 제시하십니다.
"너희도 서로 사랑하라."
"사랑의 힘으로, 사랑의 능력으로 내 제자가 되라."
"사랑의 제자로 세상을 끝까지 구원하라."
주님은 우리에게도 동일하게 말씀하십니다.

"새 계명을 주노라. 서로 사랑하라."

"너희가 내 제자가 된 줄을 세상이 알게 하라."

우리가 사랑함은 그가 먼저 우리를 사랑하셨음이라(요일 4:19).

"먼저 우리를 사랑하셨음이라." 사랑은 '먼저'입니다. 먼저 사랑하는 것이 더 의미 있고, 영향력 있고, 권위가 있습니다. 우리도 주님의 참된 제자가 되어 아픔 많고 문제 많은 이 세상을 먼저 사랑할 수 있기를 바랍니다.

2

기도로
열리는
기회의 창

· · · · ·

삶의 의지마저 꺾는 인생의 위기 앞에 섰을 때

육신의 삶을 보존하기 위해서는 '호흡'이 필요합니다. 호흡하지 못한다면 생명이 존재할 수 없습니다. 우리 영혼도 마찬가지입니다. 영혼에도 호흡이 필요합니다. 영혼을 살리고 유지시키는 호흡이 바로 '기도'입니다.

기도는 호흡입니다. 생명의 근원입니다. 모든 믿음의 사람에게 기도는 지켜야 할 원칙의 문제가 아니라 삶 그 자체입니다. 인간은 다른 무엇보다 영으로 사는 존재임을 알게 하고 영의 능력으로 살아야 행복하다는 것을 알도록 합니다.

우리는 때때로, 삶의 필요가 있을 때 기도합니다. 기도하면서 필요를 채우시는 하나님을 믿고 의지합니다. 기도하는 데

멋진 언어나 긴 기도 시간, 에너지 넘치는 사자후가 필요한 것이 아닙니다. 하나님 한 분을 향한 믿음의 태도가 필요합니다.

특별히 작정하고 드리는 기도도 있습니다. 인생의 결정적 순간, 중요한 순간에 드리는 기도로, '특별 기도'라고 합니다. 도저히 내 힘으로 해결할 수 없는 절체절명의 한계, 그 위기 앞에서 목숨을 걸고 드릴 수밖에 없는 절실하고 절박한 기도입니다.

살다 보면, 삶의 의지마저도 꺾일 만한 압도적인 어려움을 만나 소망마저 둘 수 없는 때도 있습니다. 그럴 때마다 우리는 소위 '멘붕'에 빠집니다. 너무 기가 막혀 아무 생각도 나지 않는 것입니다.

하지만 염려하지 마십시오. 예수님께서는 삶의 모든 순간마다 기도로 이어지는 통로를 마련해두셨습니다. 마치 5차원, 11차원의 고차원 세계가 우리가 살아가는 3차원과 4차원을 에워싸고 있듯이 우리가 기도할 때마다 하나님께, 초자연적인 세계에 연결시켜 줍니다. 우리가 낙망하지만 않고 기도의 끈을 붙들고 있을 수만 있다면 우리는 이길 수 있습니다.

예수께서 그들에게 항상 기도하고 낙심하지 말아야 할 것을 비유로 말씀하여(눅 18:1).

이 말씀을 하시는 예수님의 마음을 생각해볼까요? 어떻게 예수님이 이렇게 말씀하실 수 있을까요? 예수님은 평소에도 기도를 통하여 주어진 삶을 넉넉히 이길 힘을 축적해두셨기 때문입니다. 스스로 시간을 정해 세상의 환호와 군중의 소리를 뒤로하고 하나님과의 만남을 최우선으로 하시는 기도의 삶이 예수님의 삶 전체였고 이 땅을 회복하는 통로였습니다.

상황이 아무리 절벽이고 아무리 위급하더라도 낙심할 필요가 없는 것은, 우리에게 기도라는 은혜의 도구가 있기 때문입니다. 기도는 생명의 근원 되시는 하나님과의 만남이고, 대화입니다. 우리는 기도를 통해 내 안에서 일하시는 생명의 능력을 나타낼 수 있습니다.

우리가 기도할 때, 여러 생각이 왔다 갔다 할 때가 많습니다. 신기하게도, 그런 생각을 붙잡을수록 현실이 커 보이고, 기도하면 할수록 하나님이 커 보입니다.

예수님은 모든 생각을 내려놓으시고 하나님 앞에 엎드리셨습니다. 모든 이적과 권능을 나타내셨던 그 순간에 들려오던 인간과 세상의 소리 모두를 뒤로하고 하나님 앞에 무릎 꿇고 땀방울이 핏방울 되도록 간절히 기도하셨습니다.

가장 겸손한 태도로, 간절한 마음으로 기도하셨습니다(눅 22:41-42). "내가 이 잔을 피하고 싶습니다. 내가 이 잔을 마시기가 벅찹니다. 감당할 수 없습니다." 정직하고 솔직하게 고백하십니다. 인간의 삶을 살아보니 의지만으로는 이 십자가를 도저히 감당할 수 없음을 아시고는 그렇게 고백하셨습니다. 하지만 뒤이어 주님은 이렇게 기도하십니다.

… 그러나 내 원대로 마시옵고 아버지의 원대로 되기를 원하나 이다(눅 22:42).

어떻게 이렇게 급반전을 이룰 수 있을까요? 예수님이 평소에 하나님과 기도로 대화하셨던 이유가 여기 있었습니다. 덕분에 아버지의 뜻대로 사실 수 있었습니다. 나의 생각과 계획을 다 내려놓고 하나님 아버지의 뜻이 이루어지길 간절히 소망하는 것이 바로 예수님의 겟세마네 기도요, 그곳에서 하나님께 올려 드렸던 특별 기도입니다. 이 기도 없이는 십자가로 가지 못합니다. 십자가를 앞둔 그 결정적인 순간에 예수님은 하나님 앞에 엎드리시며, 이 특별한 기도를 드렸습니다.

예수님은 이를 본능적으로 피하고 싶었습니다. 그러나 하나님 나라를 이루고자 기도에 온 힘을 다했고 그렇게 기도하는 동안에 세포 하나하나까지 고통이 전이되는 극한의 아픔을 감내하셨습니다. 예수님은 아셨습니다. 온 인류의 죄와 허물의 무게를 감당하고자 할 때 이렇게 기도하지 않으면 도저히 이 일을 감당할 수 없고, 그 무게에 짓눌릴 수 있음을. 아버지 앞에 엎드려 간절히 올려 드린 이 기도가 세상을 살리고 우리를 살려냈습니다. 그래서 우리가 다 살게 되었습니다.

기도는 생명, 호흡이라는 이유가 여기 있습니다. 어려움에 부닥쳤을 때, 기도는 그 모든 상황, 환경, 인간의 약점, 연약함을 돌파하는 힘을 줍니다. 우리가 지금 이 시대를 보며 그저 기도할 수밖에 없다는 사실이 한편으로는 다행입니다. 우리 생명의 호흡을 되찾을 기회가 이로부터 열리기 때문입니다.

숨쉬기조차도 눈치 보이는 이 시대에 더욱 간절히 하나님 앞에 엎드려 봅시다. 무엇보다 예수님의 기도를 온전히 신뢰합시다. 그 기도로 내가 지금 여기에 있는 것입니다.

지금까지는 너희가 내 이름으로 아무것도 구하지 아니하였으나
구하라 그리하면 받으리니 너희 기쁨이 충만하리라 (요 16:24).

이제 코로나로 일상이 초토화되고 엉망진창이 된 우리에게 다시 도전합니다. "이제는 내 이름으로 구하라. 십자가의 구원을 완성한 것처럼 그 기도로 너희 삶에 구원이 완전해지고, 기쁨으로 충만할 것이다."

이 주님의 기도가 우리의 기도가 되어, 살아 계신 하나님의 임재로 충만해지기를 바랍니다.

기도라는 놀라운 특권

예전에 함께 사역했던 목사님 이야기입니다. 역할을 분담하고 흩어져 각자 일을 진행하는데 한창때인데도 사람이 보이지 않아 어디 갔는지 알아보니 기도원에 갔다 왔다는 겁니다. 일

을 감당할 능력은 안 되고, 할 수 있는 것이 기도밖에 없어 열심히 기도하고 있다는 말이었습니다.

이후에, 모든 일에 앞서 기도를 우선하는 그분을 모든 사역에서 중보기도 팀장으로 세웠습니다. 그런데 기도의 힘이 얼마나 강력하던지, 이 기도팀이 모여 기도할 때마다 결과가 확실해지고 매듭이 분명했습니다. 탁월한 일머리보다 기도의 힘이 더 크다는 사실에 새삼 놀랐습니다. 그 후로 기도의 능력, 중보의 능력을 더욱 확신하게 되었습니다.

하나님의 성품은 변함없고, 항상 신실하고 늘 한결같다고 성경은 중언합니다. 이런 하나님의 성품을 사랑의 하나님, 변함없는 하나님, 늘 동일하신 하나님이라고 부릅니다. 그런데 때로는 사랑의 하나님이 알 수 없는 상황을 우리에게 불쑥 주시기도 합니다.

히스기야왕이 병들어 죽게 되었습니다. "그때에 히스기야가 병들어 죽게 되니 아모스의 아들 선지자 이사야가 나아가 그에게 이르되 여호와께서 이같이 말씀하시기를 너는 네 집에 유언하라 네가 죽고 살지 못하리라 하셨나이다 하니"(사 38:1).

하나님은 히스기야의 삶에 개입하셔서, 넌 이제 죽는다고 말씀하십니다. 그런 말씀을 들으면 누구나 크게 놀라고 의기소침해질 텐데 히스기야는 이 말을 듣자마자 얼굴을 벽으로 향하고 여호와께 기도합니다.

어떤 도움도 구하지 않고, 누구도 의지하지 않고, 그 얼굴을 벽으로 향하여 오로지 하나님만을 바라보고 의지하고 기도합니다. 이때, 하나님은 이미 선포하셨던 말씀을 거두십니다. 심히 통곡하는 히스기야의 기도를 들으시고, 이사야에게 말씀하십니다. "너는 가서 히스기야에게 이르기를 네 조상 다윗의 하나님 여호와께서 이같이 말씀하시기를 내가 네 기도를 들었고 네 눈물을 보았노라 내가 네 수한에 십오 년을 더하고"(사 38:5).

십오 년의 생명을 연장하십니다. 원래 계획을 바꾸신 것입니다. 하나님은 식언치 않으시고, 변치 않으시는 분이라고 했는데 히스기야가 통곡하며 기도할 때 계획을 바꾸셨습니다.

마가복음 7장, 수로보니게 여인에게 귀신들린 딸이 있었습니다. 자녀의 귀신들린 상황을 해결하고자 예수님 앞에 나왔으나 예수님은 짐짓 그녀를 외면하시며 개보다 못한 취급을 합니다. 그러나 여인에게는 자존심 따위는 중요하지 않았습니다. 오로지 귀신들린 딸을 살려야 한다는 일념 하나였습니다. 그리고 예수님 앞에 나오면 딸은 반드시 회복되리라는 믿음의 간구가 있었습니다. 자신은 하잘것없고 개보다 못한 존재이지만, 이런 내게도 주의 은혜가 임하면 딸은 온전해지리라는 믿음의 고백이 있었습니다. "여자가 대답하여 이르되 주여 옳소이다마는 상 아래 개들도 아이들이 먹던 부스러기를 먹나이다 예수께서 이르시되 이 말을 하였으니 돌아가라 귀신이 네 딸에게서 나갔느니라 하시매"(막 7:28-29).

이 얼마나 놀라운 고백입니까? 여인의 딸에게서 결국 귀신이 나갔습니다. 우리는 누군가에게 조금만 자존심 상하는 이야기를 들으면 후에 어떤 좋은 일이 기다리더라도 자존심을 더 지키려 합니다. 그러나 여인은 예수를 보았고 현실을 보았기에, 그리고 기적이 일어나는 것을 믿었기에 모든 모욕과 삶의 하찮은 것을 다 감당했던 것입니다. 이때 기적이 일어납니다.

기도의 태도가 어떠해야 하는가를 보여줍니다. 사방이 다 막혔더라도 하나님을 찾고, 예수께 나아가는 기도의 길은 언제든지 열려 있습니다. 기도하는 사람에게, 하나님의 세계를 마음껏 펼쳐 보여주십니다. 기도하는 사람에게는 모든 것이 가능합니다. 이는 변함없는 진리입니다. 기도는 하나님의 무한한 능력을 볼 수 있게 합니다.

모세의 기도는 한민족을 구했고 에스더의 기도는 디아스포라 민족을 온전히 보존시켰습니다. 기도의 열매는 하나님의 영광을 나타냅니다. "내게 구하라 내가 이방 나라를 네 유업으로 주리니 네 소유가 땅끝까지 이르리로다"(시 2:8). 모든 믿음의 사람은 기도라는 특권을 마음껏 사용했습니다.

예수 그리스도를 통한 구원의 선물이 우리에게 은혜라면, 구원의 삶을 이어가는 자에게는 기도가 이 모든 것을 이루는 축복의 열쇠가 됩니다. "기도한 다음에는 기도보다 많은 일을 할 수 있지만, 기도하기 전에는 기도보다 많은 일을 하지 못한다"(영성신학자 고든 박사).

기도하는 사람에게는 특징이 있습니다. 겉으로 볼 때는 힘도 없고 볼품도 없지만 그 안에는 강인한 힘이 있고, 말과 말 사이에 분명한 매듭과 확신이 있습니다.

안타까운 사실은, 기도의 능력은 어제나 오늘이나 이처럼 분명한데 기도의 특권은 갈수록 발휘되지 못하고 있다는 것입니다. 기도의 힘을 잘 모르니 하나님이 멀리 계신 것 같습니다. 이제 우리에게 기도의 은사, 기도의 능력이 나타나기를 간절히 바랍시다. 기도의 열정만큼 생명의 불이 타오르고, 기도의 열정만큼 생명의 샘이 흘러넘치는 복된 인생으로 살아갑시다.

시대를 위한 기도

코로나가 가져온 심리적·사회적 위축과 위기의식이 점차 깊어지고 있습니다. 전 세계적인 난리의 끝이 아직 보이지 않습니다. 이런 시기에 지금의 상황과 어려움을 어미의 심정으로 품고 기도하는 교회의 특권을 놓치고 있는 것 같아 마음이 무겁습니다.

그러나 하나님은 신실하십니다. 주변을 둘러보고 우리 자신을 살펴보아도 믿을 만한 것 하나 없는데, 그래서 외롭고 고독하고 두려움과 염려뿐인데 하나님은 늘 그 자리에 계십니다. 위축되고 혼란스럽고 무거운 위압감에 사로잡힌 이 시대, 우리 인생과 함께하십니다.

> 그런즉 너는 알라 오직 네 하나님 여호와는 하나님이시요 신실하
> 신 하나님이시라 그를 사랑하고 그의 계명을 지키는 자에게는 천
> 대까지 그의 언약을 이행하시며 인애를 베푸시되(신 7:9).

이제, 이 땅의 중심에서 민족과 나라와 열방을 위해 중보의 사명을 감당해오던 교회가 다시 일어설 때입니다. 지금까지 한국 교회 성도들은 젖 먹던 힘까지 내어 나라와 민족을 위해 자녀와 다음 세대를 위해 기도해왔습니다. 다시 한번 교회가 변화의 중심에 서야 합니다.

기도만이 살길입니다. 기도만이 살길을 냅니다. 교회의 기도만이 어렵고 어지러운 시기를 넉넉히 이겨내게 하고, 고통받는 이 나라와 열방에 영적인 오아시스 역할을 하게 합니다. 우리는 회복될 때를 소망하며 모든 영역이 하나님의 거룩함을 나타낼 수 있도록 기도로 준비해야 합니다.

지금 이 시대를, 또 다른 의미로 B.C와 A.D로 말하곤 합니다(Before Corona, After Disease). 간혹 영화나 다큐멘터리에서 보던 세계를 실제로 온 인류가 살아가게 되리라고는 결코 생각하지 못했습니다. 그때그때 편하고 손쉬운 삶을 선택하면서, 각자 생각에 옳은 대로 살아온 결과가 오늘날의 현실입니다.

다른 면으로 보면 이 시대는 '하나님의 안식'의 때입니다. 하나님은 엿새 동안 창조의 일을 하시고, 7일째 되는 날, 일을 내려놓으셨습니다. 피조물과 관계를 맺기 위해 그렇게 하셨습니

다. 모든 관계를 축복하신 것입니다. 그래서 '안식'은 화평이요, 축복입니다.

또한, 하나님은 노아를 통해 이 안식을 확인시켜 주셨습니다. 인간의 죄악이 심해지자, 홍수로 심판하신 하나님은 그 가운데서도 구원의 길을 열어주셨습니다. 노아는 은혜의 증거인 방주를 만들고 구원의 길을 열었습니다. 방주의 뚜껑이 열렸던 날은, 모든 것이 다시 시작되는 첫날이 되었습니다.

> 육백일 년 첫째 달 곧 그달 초하룻날에 땅 위에서 물이 걷힌지라 노아가 방주 뚜껑을 제치고 본즉 지면에서 물이 걷혔더니(창 8:13).

하나님은 이 시대에도 우리와 새로운 관계를 맺으려 하십니다. 자기 아들을 아끼지 아니하시고 내어주신 그 은혜의 하나님과 관계를 회복함으로써 각자가 인생의 새로운 날을 맞이하길 바랍니다.

시대를 위로하는 기도

"거기 어디 예수 믿는 사람 없느냐?"

1895년 명성왕후가 시해당한 후 다급했던 고종황제의 외침입니다. 1919년 삼일절 운동 후, 끌려온 기독교인에게 배교를 강요하던 일본 순사들은 '기독교인은 거짓말을 안 한다'는 사실을 알고 심문을 포기했습니다. 당시 3퍼센트밖에 되지 않는 기독교인이 세상의 지주 역할을 해낸 것은 바로 정직의 힘이었습니다. 한국 초기 기독교 역사에서 기독교인들은 이처럼 존재만으로도 세상을 향해 강력한 도전이요 위로가 되었습니다.

> 사람아 주께서 선한 것이 무엇임을 네게 보이셨나니 여호와께서 네게 구하시는 것은 오직 정의를 행하며 인자를 사랑하며 겸손하게 네 하나님과 함께 행하는 것이 아니냐(미 6:8).

1977년 1월, 미국 39대 대통령 지미 카터가 취임식에서 인용한 성경 구절입니다. 정의를 행하고, 인자를 사랑하고, 겸손하게 행할 때 우리를 지배하는 모든 염려와 걱정과 근심을, 절망을 소멸시키신다는 약속입니다. 지금 이 시대에도 동일하게, 어쩌면 더욱 예수 믿는 자들이 실천해야 할 가장 강력한 무기일지도 모릅니다. 절망적 상황에서 절대자를 놓치지 않는 것이 정의를, 인자를 나타내는 겸손한 자의 영성입니다.

> 화 있을진저 외식하는 서기관들과 바리새인들이여 너희가 박하와 회향과 근채의 십일조는 드리되 율법의 더 중한 바 정의와 긍휼과 믿음은 버렸도다 그러나 이것도 행하고 저것도 버리지 말아야 할지니라(마 23:23).

예수님은 이를 완성하셨습니다. 십자가로 이 세상에 하나님이 선하심을 나타내셨습니다. 주 예수 그리스도가 이미 완성하신 하나님의 뜻을 이제 우리를 통해 이 시대에 온전하게 이루시길 원하십니다. 하나님은 이제 우리가 이 시대를 위로하길 원하십니다. "너희의 하나님이 이르시되 너희는 위로하라 내 백성을 위로하라"(사 40:1).

하나님은 위로의 하나님이십니다. 모든 환란 중에서 우리를 위로하시는 분이십니다. 고난이 깊을수록 하나님의 위로도 깊습니다.

> 찬송하리로다 그는 우리 주 예수 그리스도의 하나님이시요 자비의 아버지시오 모든 위로의 하나님이시며 우리의 모든 환난 중에서 우리를 위로하사 우리로 하여금 하나님께 받는 위로로써 모든 환난 중에 있는 자들을 능히 위로하게 하시는 이시로다 (고후 1:3-4).

위로는 새 시대를 세우는 든든한 기둥입니다. 이 시대의 어려움뿐 아니라, 앞으로 다가올 모든 상황 속에서 절망과 좌절이 아닌 위로와 소망을 주길 원하십니다. 위로는 회복의 언어요 치유의 행위입니다. 참으로 답답하고 안타까운 시간을 보내고 있지만, 그 가운데서 강력하게 흐르는 하나님의 위로가 세상에 구원을, 우리의 위로가 세상에 소망을 줄 수 있길 바랍니다.

미디어 세대를 세우소서

2020년 들어 교회는 강한 도전과 감동으로 새 목회를 준비해왔습니다. 분명하고 뚜렷한 목표를 세우고 지도자 훈련과 양성, 다음세대 영적 부흥을 이끌 계획을 구체적이고 세밀하게 다듬었습니다. 예배 또한, 성령님과 더 깊이 동행하는 데 초점을 맞추고 중보기도를 강화하며 설레는 마음으로 팀워크를 다져왔습니다. 그리고 한 해 목회를 본격적으로 시작하려는 순간 예기치 못한 코로나 팬데믹이 찾아온 것입니다.

인간은 계획하지만, 그 계획을 승인하시는 분은 하나님입니다. 하나님이 보시기에 우리가 세운 계획보다 더 큰 그림을 갖고 계신 듯합니다. 하나님은 지금, 인간의 욕망이 무한대로 뻗어가려는 무질서한 이 시대에 새로운 도전을 일으키고 계십니다. 모든 것이 장애요 장벽인 것 같지만, 분명 하나님은 광야에 길을, 사막에 강을 내시는 분입니다. 인간의 삶을 혁명으로까지 끌고 갈 여러 산업 기술을 선하게 쓰고 계십니다. 앞으로 미디어 목회는 무질서의 시대에 미디어 세대(다음 세대)를 위한 첨단 선교로, 복음 전도로 더욱 힘 있게 쓰임받을 것입니다.

삶의 장애와 장벽은 하나님의 권능을 체험하는 귀한 영적 사건입니다. 주신 지혜와 방법으로 모두 힘을 합쳐 넉넉히 이겨낼 것입니다. 앞으로 우리 시대를 책임질 미래 세대, '미디어 세대'에게 하나님은 지금부터 환경과 여건을 통해 새길을 준비시켜 주고 계십니다.

교회에서 요즘 목격하는 재미있는 현상이 있습니다. 아이들이 친구를 전도합니다. 개개인은 굉장히 개인적이고 관계성이 약한 거 같은데 그럴수록 아이들 안에 친구를 그리워하는 마음이 많습니다. 친구 사귀는 제일 좋은 장소가 교회입니다. 학교에서는 경쟁 때문에 숨이 막히고 집에서도 숨을 쉬기 어렵습니다. 그런데 교회는 화합과 용서를 이야기합니다. 교회에 와보니까 부모님과 선생님이 말하는 것과 다르거든요.

이게 가치관의 혼란을 일으킬 줄 알았더니 그렇지 않습니다. 우리 아이들이 굉장히 똑똑합니다. 4~5세만 되어도 분별합니다. 얘네들이 친구를 전도합니다. 친구의 부모는 아직 믿지 않지만 아이들이 변한 모습을 보며 우리 애가 이렇게 바뀐 이유를 친구 엄마한테 물어봤더니, 교회에 갔다는 사실을 알게 됩니다. 자녀가 좋은 쪽으로 바뀌니까 부모도 당연히 좋아합니다.

이분들이 아이를 태워다주고, 교회 근처 카페에서 예배 끝날 때까지 기다렸다가 데리고 갑니다. 그러다가 한번은 제가 카페에 있는 분들 모시자고 제안해서 세 가정이 왔습니다. 들어왔다가 가시라고, 누가 뭐라 하는 사람 없다고 그랬더니 이분들이 애들 뒤에 앉아 예배를 드리기 시작합니다.

이처럼 다음 세대를 통해 전도 공동체가 조금씩 이루어지고 있습니다. 거기서 탄생한 가정이 예순 가정이나 됩니다. 지금 총력을 기울여서 복음을 4~5세 아이도 쉽게 전달할 수 있도록 반복 훈련을 시킵니다. 이 아이들이 그걸로 '전도사'가 됩니다. 국제학교 다니는 십 대들이나 유스 그룹도 다 그런 관계입니다. 유스 그룹에 외국인 아이들이 처음에는 네다섯 명 나왔는데 지금은 전체 인원이 50명 가까이로 늘어났고 그 부모들이 아주 끈끈합니다. 그들이 교회 안에 들어오기 시작해서 신규 그룹이 만들어지고, 이들이 자기 지역에 공동체를 만들고, 영어로 아이들을 가르치는 일에 교회 온 지 얼마 안 된 분들도 참여하고 있습니다. 저는 이런 식으로 다음 세대가 전도 특공대가 되는 것을 꿈꿉니다.

기도는 영원히 살아 있습니다

기도는 절대 죽지 않습니다. 기도자의 생명, 호흡이 다하고 심장이 멈춘다 해도 그가 평생 해왔던 기도는, 여전히 살아서 하나님 앞에 놓여 있습니다. 하나님 앞에 부르짖으며 침묵하며 몸부림치며 해왔던 모든 기도는 영원히 남아 있습니다. 우리가 하나님을 붙잡고 드린 기도는 사라지지 않습니다.

호흡이 주어진 날 동안 하나님 앞에 쌓아온 우리의 기도는 시간이 지날수록 능력이 더해집니다. 그래서 기도는 하나님 백성이 하나님 나라에 쌓아둔 '자본금'이라 할 수 있습니다. 이것은 결코 썩지도 사라지지도 않습니다.

하나님은 성도가 그렇게 쌓아둔 기도를 세상에서 필요할 때마다, 기도자의 삶에 필요할 때마다 크고 놀랍게 사용하십니다. 오늘날 개인에게 응답되지 않은 기도도 있고 상황이 크게 달라진 것 같지 않더라도 하나님은 믿음으로 구하는 모든 기도를 하나도 버리지 않으십니다.

하나님은 우리 기도를 당신의 품 안에서 잘 품으시다가 어느 순간 때가 되면 강력한 생명력으로 나타나도록 사용하십니다. 이것이 기도의 힘입니다. 이런 의미에서 기도의 사람은 절대 죽지 않습니다. 불멸의 존재가 되는 것입니다.

현재 코어커뮤니티교회를 담임하시는 김원기 목사님과 교제하면서 들었던 이야기입니다. 젊은 시절에 많이 방황하며 헤매고 다닐 때도 어머니는 아들을 위한 기도를 멈추지 않으셨답니다. 어머니가 호흡을 다하여 기도가 멈춘 어느 날, 그는 자신의 삶을 회개하며 돌이켰고, 자기처럼 살 수밖에 없었던 젊은이를 위한 교회를 시작했다는 고백을 들었습니다.

이처럼 기도는 세대를 이어가며 생명의 능력으로, 생명의 권능으로 계속 그 영향력을 발휘합니다.

기도는, 기도한 사람보다 더 오래 살아 있습니다. 기도자가 살아가는 시대보다, 더 오랜 시간 동안 능력을 나타냅니다. 그래서 기도는, 일시적이지 않으며 공허한 메아리가 절대 아닙니다. 하면 할수록 기도는 아버지의 품을 파고들어 그 품 안에서 둥우리를 만들고, 그 안에서 많은 열매와 결과를 낳습니다.

어미 품에 안겨 있던 아기 새가 때가 되면 창공을 박차고 날아가듯, 하나님께서 품에 쌓아두신 기도는 그분의 때에 온 세상을 막힘없이 날아다니며 꼭 필요한 곳에서 하나님 뜻을 성취합니다.

하나님은 우리의 기도로 세상을 다스리시길 원하십니다. 기도가 넘칠수록 세상은 좋아지고 아름다워지며, 기도가 강해질수록 세상 세력은 약해집니다. 하나님 나라 운동은 우리의 기도에 달려 있습니다. 기도는 하나님 나라를 위한, 하나님 나라의 확장을 위한, 하나님이 사용하시는 변함없는 통로이기 때문입니다.

> 내게 구하라 내가 이방 나라를 네 유업으로 주리니 네 소유가
> 땅끝까지 이르리로다(시 2:8).

인류 역사를 살펴보면, 기도는 사라지지 않았고 복음의 능력은 계속 확장되었습니다. 사도행전, 바울 서신서에는 약 80여 명의 기독교인이 나오는데(물론, 기록되지 않은 수많은 그리스도인도 있습니다) 2천 년 후에는, 전 세계에서 약 20억이 넘는 사람이 복음을 받아들였습니다. 2천 년 동안, 얼마나 많은 기도의 선지자들이 이 땅에 머무르며 하나님 나라의 확장을 위해 기도했을까요? 얼마나 많은 영혼이, 얼마나 많은 민족이 구원을 위하여 기도의 단에 자신을 드렸을까요? 이 소수의 사람이 기도하던 그

시절에도 하나님의 기도는 소멸되고 사라지지 않고 더 크게 번성했습니다. 이제 그들의 기도는 우리의 기도가 되어 하나님 품에서 잘 잉태되어 앞으로 더 큰 역사를 이룰 것입니다.

지금 힘들고 어려운 시대 상황 속에서도, 우리가 포기하지 않고 드린 기도는 비록 당장 응답되지 않더라도 하나님 품 안에서 더 크게 자라 온 열방에게, 각 개인의 삶에 부요하고 풍성한 은혜를 베풀 것을 믿습니다.

기도를 멈추지 맙시다. 오늘 드리는 나의 기도, 우리의 기도는 결코 소멸되지 않기 때문입니다. 그런 믿음으로 기도의 사람들이 됩시다.

3

하나님의
그레이트
프로젝트

．．．．．

성령의 다스림을 받음

죄를 지을 수밖에 없는 우리를 하나님은 예수님을 통해, 죄의 정당한 값인 죽음에서 해방시켜 주셨습니다. 마땅히 정죄받을 우리인데, 더 이상 죄로 버림받지 않게 되었습니다. 그리스도 예수 안에 있는 우리와 하나님과의 관계는 죄 때문에 끊어지지 않습니다(롬 8:3-11).

하나님은 율법으로 하나님이 정한 법을 알리고 가르치시고 말씀대로 살게 하십니다. 율법의 목적은 우리가 행복하고 편안한 삶을 살게 하려는 데 있습니다. 이 법대로 살면 평화를 누립니다. 하나님 사랑과 이웃 사랑의 법을 잘 지키면 그 율법이 우리를 지키고 행복하게 살게 합니다.

그런데 우리는 율법대로 살지 못하고 죄에 손을 내밀 수밖에 없는 연약한 존재입니다. 나 자신은 선하게 살고 싶은데 "육신으로 말미암아" 자꾸 죄를 선택합니다. 우리 스스로 이 문제를 해결할 수 없습니다. 하나님께서 연약한 우리를 위해 아들 예수를 보내주셔서 우리의 모든 죄 문제를 담당하게 하셨습니다. "예수님이 죄인의 몸을 입었다"라는 뜻이 이것입니다.

육신을 따라 사는 사람은 육신에 속한 것을 생각하고, 성령을 따라 사는 사람은 성령에 속한 것을 생각합니다(롬 8:5). 결국 우리가 어디에 속했는지, 어느 편인지가 중요합니다. 우리가 다시 죄를 지을 수밖에 없는 연약한 존재로 사느냐, 아니면 이 연약함을 다스리고 해결하시는 하나님의 영, 성령 안에 속한 사람으로 사느냐, 이것은 아주 중요한 문제입니다.

예수 그리스도로 말미암아 그 죄가 소멸되었으나 육신의 연약함으로 죄에 손을 대려 할 때마다 예수의 영이신 거룩한 영이 우리가 죄를 짓지 않도록 하십니다. 이 성령이 우리의 인격, 생각, 행동… 모든 것을 다스리는 것이 성령 안에 있는 사람의 특징입니다.

"육신에 속한 생각은 하나님께 품는 적대감입니다. 그것은 하나님의 법을 따르지 않으며, 또 복종할 수도 없습니다"(롬 8:7, 새번역). 육신을 따른다는 것은 내가 중심이 되는 것입니다. 내 맘대로, 내 뜻대로 살길 원하는 것입니다. 이것이 하나님께 적대감을 품는 일입니다.

육신에 매인 사람은 하나님을 기쁘게 해드릴 수 없습니다. 이런 사람은 하나님과 기쁨으로 함께 걸을 수 없습니다. 우리는 좋은 사람, 기쁜 사람과 함께하고 싶어 하지요? 하나님도 마찬가지입니다. 그래서 하나님은 우리를 기쁨의 동반자로 삼기 원하시는 것이지요.

하나님은 죄를 적대시하지만, 우리를 절대 놓지 않으시고 아들 예수 그리스도 안에 있도록 해주십니다. 이것을 다른 표현으로 '용서'라고 합니다. 용서받은 사람, 용서의 사람은 그러므로 성령의 사람입니다.

이제 거듭난 후로는 성령이 우리 삶을 간섭하고 다스립니다. 그럴수록 우리는 점점 더 죄와 멀어집니다. 예수님과 늘 동행하게 해주십니다. 하나님이 기뻐하는 삶을 살게 해주십니다. 하나님이 기뻐하는 자, 그리스도 예수의 용서를 경험하는 자, 이 땅에 살면서 죄와 상관없이 평안과 평화를 누리는 자, 모든 것이 완전한 멋지고 아름다운 삶을 사는 것입니다.

우리 모두가 이런 인생을 살길 간절히 바랍니다. 예수 그리스도로 죗값을 치르고 용서받은 사람, 성령이 함께하시며 다시는 죄를 가까이하지 않는 사람, 그래서 하나님을 기뻐하게 하는 사람… 우리 모두, 이런 사람이 됩시다.

"나는, 하나님을 기뻐하게 하는 사람입니다. 나는, 그리스도 예수와 함께하는 사람입니다. 나는, 성령님이 내 삶을 다스리도록 인정하고 고백하는 사람입니다."

하나님의 공동상속자로 살아감

예수 그리스도 덕분에 죄에서 자유케 된 우리, 성령께서 함께하심으로 죄를 이길 수 있게 된 우리, 그래서 하나님께서 기뻐하시는 우리를 성경은 "하나님의 아들"이라고 부릅니다. "무릇 하나님의 영으로 인도함을 받는 사람은 곧 하나님의 아들이라"(롬 8:14). 하나님의 자녀 된 신분을 보장받은 것입니다. 특권을 부여받았습니다. 이것이 어떤 특권일까요?

첫째로, 하나님을 '아빠'라고 부르는 특권입니다. 서로의 관계가 편안하고 자유로울 때 '아빠'라고 부를 수 있습니다. 목에 매달리고, 달려가 안기고, 뭐든지 요구할 수 있고, 싫으면 싫다 하고, 내 마음대로 해도 다 받아주는 분… 이것이 '아빠'라는 존재입니다.

> 너희는 다시 무서워하는 종의 영을 받지 아니하고 양자의 영을 받았으므로 우리가 아빠 아버지라고 부르짖느니라(롬 8:15).

우리의 아버지를 생각해봅니다. 지난 시절 아버지를 떠올리면 무뚝뚝하고 어려운 분, 약간은 서먹해서 아빠라고 부르지도 못했습니다. 그분들 역시 자식에 대한 사랑을 잘 표현하지 못하셨습니다. 아버지와 아들들이 다 그러했습니다. 아직 아버지와 어색하거나 섭섭한 관계에 있더라도 아빠를 불러봅시다. 돌아가서서 옆에 안 계시더라도, 마음에 미움이 아직 남아 있더라도 한번 불러봅시다. '아빠'라는 이 한마디에, 용서, 회복, 치유의 능력이 담겨 있습니다.

또한, 하나님께도 '아빠'라고 불러봅시다. 우리가 예수를 통해 죄에서 벗어나 성령의 인도를 받으면, 하나님이 기뻐하시는 자녀가 됩니다. "성령이 친히 우리의 영과 더불어 우리가 하나님의 자녀인 것을 증언하시나니"(롬 8:16).

내가 하나님을 향하여 "아빠!"라고 하는 순간, 성령님께서 "맞다 내 아들아!"라고 선언한다는 것입니다. 우리는 하나님의 자녀 되는 권세를 입은 자들입니다. 하나님이 우리의 아빠 되십니다.

둘째로, 그리스도와 함께 공동상속자가 되는 특권입니다.

> 자녀이면 또한 상속자 곧 하나님의 상속자요 그리스도와 함께 한 상속자니 우리가 그와 함께 영광을 받기 위하여 고난도 함께 받아야 할 것이니라(롬 8:17).

부모가 돌아가시면 유산은 자녀에게 돌아갑니다. 상속권이 있다는 것은 자녀의 자격도 갖추었음을 의미합니다. 그런데 유산 중에 빚도 있다면 빚도 함께 상속됩니다. 이것이 바로, 하나님의 아들 예수 그리스도가 우리를 하나님 자녀 되게 하셨을 때 '고난'도 따라오는 이유입니다.

예수님의 고난 덕분에 우리는 하나님을 아빠라고 부를 수 있게 되었고, 하나님의 상속자 된 신분을 물려받았기에 어려운 일, 기쁜 일, 좋은 일… 이 모든 순간마다 예수 그리스도와 함께 할 수 있습니다. 이것이 하나님의 자녀된 자가 누리는 권세입니다.

그렇다면 이제는 당신과 내가 같은 예수 그리스도의 사람이요, 상속자요, 하나님의 자녀 된 자들입니다. 우리는 다 하나이고, 하나님의 상속자입니다(요 17:21-22).

인내로 온전히 소망을 이루어 감

하나님의 자녀요, 상속자 신분이 된 우리에게 영광만 있으면 좋겠지만 '고난'도 필수로 함께 있습니다. "모든 피조물이 이제까지 함께 신음하며, 함께 해산의 고통을 겪고 있다는 것을, 우리는 압니다"(롬 8:22, 새번역).

모든 피조물이 누구도 예외 없이 신음하고 해산하는 여인처럼 함께 아픔을 겪고 있습니다. 이것은, 우리의 죄와 타락 때문입니다. 하나님이 지으신 자연세계는 놀랍도록 아름답습니다. 이 아름다운 세계를 보면 우리 영혼이 맑고 새로워지는 것 같습니다.

그러나 그 안을 자세히 들여다보면, 치열한 생존투쟁이 진행

중입니다. 큰 벌레가 작은 벌레를, 기생식물이 우람한 나무를, 큰 짐승이 작은 짐승들을 잡아먹습니다. 자연 생태계야말로, 각자의 생존방식대로 처절한 투쟁을 벌이고 있습니다. 자연생태계까지도 신음하며 하나님 자녀들의 몸이 해방될 날을 기다립니다. 더더욱 인간 세계는, 우리가 하나님 자녀가 되고 상속자가 되었어도 여전히 질병, 사고, 재앙과 싸워야 합니다. 이것은 고난입니다.

이럴 때, 약속을 주신 하나님은 대체 어디 계시는 것일까요? 말로만 상속자라고 하고, 하나님 아들이라 해놓고 슬쩍 숨어 계시는 건 아닌가요?

> 내 하나님이여 내 하나님이여 어찌 나를 버리셨나이까 어찌 나를 멀리하여 돕지 아니하시오며 내 신음 소리를 듣지 아니하시나이까 내 하나님이여 내가 낮에도 부르짖고 밤에도 잠잠하지 아니하오나 응답하지 아니하시나이다(시 22:1-2).

고난 한가운데 있으면 하나님은 보이지 않고, 숨어계신 것 같습니다. 그런 우리에게 하나님은 이렇게 강조하십니다. "피조물이 허무에 굴복했지만, 그것은 자의로 그렇게 한 것이 아니라, 굴복하게 하신 그분이 그렇게 하신 것입니다. 그러나 소망은 남아 있습니다"(롬 8:20, 새번역).

우리를 자녀 삼고 상속자가 되게 하셨지만, 그런 하나님의 자녀에게도 고난을 허락하십니다. 왜 그러실까요? 바로 '소망' 때문입니다.

고난이 깊을 때 좌절하는 것이 아니라, 절망하는 것이 아니라, "남아 있는 소망"을 보아야 합니다. 누가 뭐라 해도, 어떤 어려움이 있어도 가족은 가족입니다. 아무리 사이가 나빠도, 한번 가족은 영원한 가족입니다. 하나님이 주신 이 신분의 약속은 절대 변치 않습니다. 그래서 하나님은 이 고난 중에도 우리가 소망을 갖길 원하십니다.

지금 우리를 둘러싼 환경은 참으로 큰 고통을 줍니다. 명절에도 집에만 갇혀 있어야 하고, 보이지 않는 바이러스와 두려운 싸움을 벌여야 합니다. 많은 경제적 어려움, 고단한 마음이 가득합니다. 탄식과 신음이 가득합니다.

그런데 이때 하나님의 자녀 된 권세를 받은 우리는, 그분의 상속자 된 우리는, 한 걸음 더 나아가서 소망을 놓치지 말아야 합니다. "우리가 소망으로 구원을 얻었으매 보이는 소망이 소망이 아니니 보는 것을 누가 바라리요"(롬 8:24).

이 소망이 우리를 구원합니다. 보이는 삶의 조건이 우리를 구원하는 것이 아니고 우리 안에 하나님을 믿는, 하나님의 아들 된 권세를 지닌 이 신분이 고통과 고난 가운데 있는 우리를 건져내는 능력이 됩니다.

우리가 아무리 힘들고 어렵더라도 이 소망이 있었기에 구원받고 하나님 아들 된 신분을 얻게 되었습니다. 그래서 우리는 인내해야 하고 인내할 수 있습니다. "만일 우리가 보지 못하는 것을 바라면 참음으로 기다릴지니라"(롬 8:25).

"하나님 제게 인내를 주십시오. 지금 '당장' 주십시오" 어떤 성격 급한 사람은 이렇게 기도합니다. 그만큼 인내는 쉽지 않습니다. 그러나 소망 있는 사람은 인내할 수 있습니다.

인내는 반드시 소망을 이루어내는 영적인 힘입니다. 그저 참고 견디는 것으로 그치지 않고 그 자체가 영적인 힘입니다. 하나님이 우리에게 주신 믿음의 열매입니다. "인내력은 단련된 인격을 낳고, 단련된 인격은 희망을 낳는 줄을 알고 있기 때문입니다"(롬 5:4, 새번역).

우리는 하나님의 상속자로서 물려받을 유산을 흥청망청 쓰는 것이 아니라, 그분과 함께 다스리기 위해 관리 능력을 갖추어야 합니다. 이것이 바로, "단련된 인격"을 갖추게 하시려고 우리에게 주시는 고난입니다.

우리는 하나님을 믿음으로 소망을 갖게 되었습니다. 이 하나님이 나를 단련하여, 능력 있는 상속자가 되길 원하시기에 오늘날 이런 상황 속에서 우리가 넉넉히 이길 수 있는 것입니다.

여러분은 인내력을 충분히 발휘하여, 조금도 부족함이 없이 완전하고 성숙한 사람이 되십시오(약 1:4, 새번역).

1944년 6월, 노르망디 상륙작전으로 연합군은 독일에 승리

할 수 있는 기반을 만들었습니다. 노르망디 상륙작전을 벌인 그날을 D-Day라고 하였습니다. 이 작전은 성공했으나, 1년이 넘게 많은 희생을 치러야 했습니다. 드디어, 1년 후 베를린이 함락되고 독일이 항복합니다. 바로 그날을 V-Day, 승리의 날이라고 불렀습니다.

하나님은 우리를 D-Day에 불러주셨습니다. 그리고 V-Day에 우리를 성숙한 사람, 부족함 없는 완전한 하나님의 자녀, 아들, 상속자가 되게 하려고 이끌어가고 계십니다. 우리의 V-Day를 기억하며, 더욱 힘차게 나아가길 바랍니다.

하나님의 선이 우리를 통해 성취됨

우리가 예수님을 인생의 주인으로, 삶의 동반자로 받아들일 때 성령이 임하십니다. 성령이 임하시면 예수님이 내 인생의 주인이라는 사실이 믿어집니다. 이것은 인간의 이성과 상식으로는 설명되지 않는 신비한 비밀입니다.

제자들은 예수님이 떠나신다는 말씀에 염려하며 우왕좌왕합니다.

그러나 내가 너희에게 실상을 말하노니 내가 떠나가는 것이 너희에게 유익이라 내가 떠나가지 아니하면 보혜사가 너희에게

로 오시지 아니할 것이요 가면 내가 그를 너희에게로 보내리니

(요 16:7).

예수님은 '보혜사'(保惠師)를 약속하십니다. 보혜사는 하나님이 예수 그리스도를 통해 우리에게 주신 구원의 은혜를 더욱 지키고 든든하게 세워 가시는 분, 바로 성령이십니다. 예수님께서 지금 제자들을 떠난다 하더라도 염려하지 않는 것은 보혜사 성령이 우리 안에 함께하시기 때문입니다.

성령님은 또한 예수의 영이십니다. 예수의 모든 것 되십니다. 우리가 예수를 알고 믿고, 생명의 호흡으로 가득하게 하시는 분이 성령입니다. 그래서 부활하신 이후 제자들에게 나타나셔서 숨을 불어넣으십니다. 생명의 기운을 주십니다. "성령을 받으라"고 하셨습니다.

이 보혜사 성령님은 하나님의 뜻을 나타내는 분이십니다. 하나님의 선하심을 드러내는 분이십니다. 하나님의 선하심은, 우리가 약할 때 나타납니다. "이와 같이 성령도 우리의 연약함을 도우시나니 우리는 마땅히 기도할 바를 알지 못하나 오직 성령이 말할 수 없는 탄식으로 우리를 위하여 친히 간구하시느니라"(롬 8:26).

모든 피조 세계가 탄식하고 있습니다. 이 적자생존, 먹고 먹히는 싸움의 구조에서 누가 우리를 구원하며, 우리 삶을 돌보아줄 수 있습니까? 온 세상이, 누구도 예외 없이 힘들고 어렵습니

다. 질병으로 경제적으로 관계 문제로 끝없는 다툼과 분쟁으로 힘들고 어려운 삶을 살아갑니다.

그러다 보니 기도하기가 쉽지 않습니다. 절망으로 끝이 보이지 않아 기도가 막힌 상태입니다. 이때 등장하시는 분이 내 곁에, 내 안에 계신 성령이십니다. 우리 혼자 이 모든 어려움을 겪도록 두지 않으십니다. 우리가 탄식으로, 어려운 삶의 형편으로 기도까지 막혔을 때 보혜사 성령께서 일하기 시작합니다.

마음을 살피시는 이가 성령의 생각을 아시나니 이는 성령이 하나님의 뜻대로 성도를 위하여 간구하심이니라(롬 8:27).

탄식으로 가득한 내 삶, 생각의 속뜻까지 깊이 파악하시고, 그런 나에게 어떤 뜻을 가지고 계시는지, 이 둘을 서로 연결하시는 분이 성령의 도우심이요 성령의 기도입니다.

예정에 없던 갑작스러운 일을 맡게 된 적이 있었습니다. 한 지역에서 대규모 새신자 집회 요청이 있었던 것입니다. 진행 과정에서 비용 지분 문제로 논란이 생겼고, 결론이 나지 않았습니다. 해결하려고 모인 자리에서 나온 말들로, 그동안의 수고와 노력이 큰 오해를 받는 것 같아 억울하다 못해 화가 났고 포기하려던 때 장로님 한 분의 설득으로 계속할 수 있었으며 무사히 마치고 좋은 결과를 냈습니다.

많은 사람이 아니라고 반대할 때 그분은 성령의 감동으로 하나님의 뜻이라고 확신했다고 합니다. 내 어깨를 어루만졌던 그분의 손길이, 활짝 웃으며 바라보던 그분의 미소가 내 마음을 움직였고, 맡은 일을 충실히 해낼 수 있었습니다. 이처럼 우리가 불가능하다고 포기하려 할 때, 하나님은 성령의 탄식을 통해 우리 마음을 만져주시며 하나님의 뜻을 이루어가십니다.

어떻게 해야 할지 모르겠고 누구를 어디서 어떻게 만나 찾아야 할지 몰랐던 그때에 하나님은 한 사람 한 사람을 모으고 흩으시며 그들을 통하여 하나님 나라를 완성하십니다. 당신의 뜻을 이루십니다. 그리고 부르신 그들을 모두 의로운 존재로 삼으십니다.

우리 모두 믿음의 용기를 내십시다. 하나님은 선을 이루시는 분이십니다. 보혜사 성령님을 통하여 끊임없이 우리를 도우시는 분이십니다.

> 우리가 하나님에 대하여 가지는 담대함은 이것이니, 곧 무엇이든지 우리가 하나님의 뜻을 따라 구하면, 하나님은 우리의 청을 들어주신다는 것입니다(요일 5:14, 새번역).

현재는 탄식밖에 할 수 없고, 기도가 막히고 선을 이루고자 하는 모든 노력이 물거품이 된 것 같더라도 하나님은 반드시 선을 이루십니다. 우리 인생을 통하여 부요하고 넉넉한 삶을 사는 위대한 존재로 삼아주십니다.

내가 확신하노니

우리가 잊지 말아야 할 것이 있습니다. 하나님의 뜻대로 부르심을 받은 사람들은 모든 것이 합력하여 하나님의 선, 하나님의 뜻을 이룬다는 것을 잘 안다는 것입니다.

> 우리가 알거니와 하나님을 사랑하는 자 곧 그의 뜻대로 부르심을 입은 자들에게는 모든 것이 합력하여 선을 이루느니라(롬 8:28).

> 내가 확신하노니 사망이나 생명이나 천사들이나 권세자들이나 현재 일이나 장래 일이나 능력이나(롬 8:38).

저는 이 말씀을 무척 좋아합니다. 살아가면서 이 말씀을 직간접적으로 체험한 적도 여러 번 있었기 때문입니다. 아무 준비도, 전문지식도 없었을 때, 분야별 전문인들을 우연히 만나 선교 방송을 시작할 수 있었고, 감동적인 헌금이 모여 사역이 진행되는 모습을 보며 확신했습니다.

참 신비합니다. 하나님은 뜻을 결정하시면, 거기에 맞는 사람을 불러주십니다. 재정을 보내주십니다. 모든 것이 협력해서 하나님의 뜻을 이루도록 이끄십니다.

28절의 "우리가 알거니와", 38절의 "내가 확신하노니". 안다는 것에서 한 단계 더 나아가는 것이 확신입니다. 아는 것을 믿음으로 확정하는 것입니다. 아는 것보다 더 중요한 것이 믿음입니다. 많이 알아도, 그 지식을 믿지 않으면 다 쓸모없는 것이 됩니다. 아는 것보다 더 중요한 것은, 하나님과 함께하는 믿음입니다. 이 믿음은, 죽음을 이깁니다.

> 나는 확신합니다. 죽음도, 삶도, 천사들도, 권세자들도, 현재 일도, 장래 일도, 능력도, 높음도, 깊음도, 그 밖에 어떤 피조물도, 우리를 우리 주 예수 그리스도 안에 있는 하나님의 사랑에서 끊을 수 없습니다(롬 8:38-39, 새번역).

세상의 온갖 피조물이 가져오는 이 무시무시한 문제들은 오히려 시간이 흘러가며, 우리를 정금과 같은 의로운 존재로 만들어 갈 뿐입니다. 이것이 그분의 부르심 안에 거하는 사람에게 주어진 특권입니다(빌 4:11-13).

상황과 형편이 문제가 아닙니다. 오직 나에게 능력 주시는 분, 그래서 내가 모든 것에 만족하는 일체의 비결을 배우게 하신 그분, 예수 그리스도 앞에 사도바울은 고백합니다.

내가 그리스도와 함께 십자가에 못 박혔나니 그런즉 이제는 내가 사는 것이 아니요 오직 내 안에 그리스도께서 사시는 것이라 이제 내가 육체 가운데 사는 것은 나를 사랑하사 나를 위하여 자기 자신을 버리신 하나님의 아들을 믿는 믿음 안에서 사는 것이라(갈 2:20).

1930년대 대공황 시절이었습니다. 학비가 없어 대학을 중퇴하고 보험회사에서 일할 수밖에 없었던 한 청년에게 어쩌다가 무척 좋은 기회가 찾아옵니다. 수많은 경쟁자 속에서 방송 출연 기회를 잡습니다. 방송에서 부른 흑인영가가 많은 사람에게 큰 감동을 주어 사방에서 섭외가 오고, 드디어 가난과 궁핍에서 벗어날 기회를 얻게 됩니다.

그동안의 궁핍한 상황을 보상이라도 받듯 화려함에 빠져 지내던 그때, 아들을 위하여 10년 넘게 기도해왔던 어머니가 한 줄의 글을 적어 그에게 건넵니다. "사랑하는 아들아, 주 예수보다 더 귀한 것은 없단다." 어머니의 글을 보고 깊이 뉘우친 그는 눈물을 흘리면서 곡을 만들었습니다. 그렇게 해서 자기에게 주어진 좋은 기회를 거절하고 찬양 가수가 되어, 빌리 그레이엄 전도 집회 때마다 불렀던 찬양이 바로 "주 예수보다 더 귀한 것은 없네"입니다. 그 청년은 조지 베버리 쉐어(George Beverly Shea)입니다.

저도 예수님을 다시 만나고 이 찬양을 부르면서 많이 울었습니다. 이 세상에서 그 무엇이 우리 주 예수 그리스도보다 소중하겠습니까? 그분이 내 삶을 주관하시는 분이라고 믿는다면 그 안에서 살아가는 것이 얼마나 귀한 인생이겠습니까?

"너희 안에 이 마음을 품으라 곧 그리스도 예수의 마음이니"(빌 2:5). 우리 안에 예수의 마음이 넘칠 때 나 하나가 천국이 되어 쓰임받을 수 있습니다. 예수 그리스도의 마음이 누룩처럼 우리 인격과 삶을 장악하여 확장해가는 평생이 되길 바랍니다.

기독교는 부활의 기쁨만을 누리는 종교가 아닙니다

디트리히 본회퍼를 잘 아실 것입니다. 독일 출신 목사요 신학자인 그는 좋은 가문에서 태어났습니다. 젊은 시절, 신학을 공부하고 미국 유학 후 1931년 독일로 돌아와 베를린대학교에서 학생들을 가르쳤습니다.

하지만 이듬해인 1932년 나치 정권이 들어섭니다. 본회퍼는 나치 이념이 교회가 가르치는 진리와 다르기에 나치당과 나치 이념을 비판했습니다. 그 비판으로 더 이상 교수직을 수행할 수 없게 되자 고백교회(나치를 반대하는 독일 개신교회)의 지도자로서 목숨을 걸고 말씀을 전하고 가르쳤습니다.

1939년 강제 징집을 당해 전쟁터로 끌려갈 운명에 놓이자 뉴욕의 유니언신학교 친구들의 도움으로 미국으로 가게 됩니다. 그러나 그곳의 안정된 교수직 혹은 그 누구의 조언도 본회퍼의 죄책감을 덜어주지 못했습니다. 그는 유니언신학교 동료 교수에게 이렇게 털어놓습니다.

내가 내 민족과 함께 지금 이 시기에, 이 시련을 함께 겪지 않는다면 전쟁이 끝난 뒤, 나에게는 독일 그리스도인들의 신앙을 되살릴 권리가 없을 것입니다. 독일의 그리스도인은 지금 기독교가 살아남을 수 있도록 독일의 패망을 받아들일 것인지 아니면 독일이 승리함으로 우리가 믿는 기독교를 파괴하도록 내버려둘 것인지 무서운 선택 앞에 놓여 있습니다. 나는 내가 어느 쪽을 선택해야 할지를 잘 알고 있습니다. 그러나 이 선택을 하기에는 나는 너무도 부족합니다.

그러다가 6주 후 본회퍼는 독일로 돌아갑니다. 나치와 맞선 교회를, 동료 그리스도인들을 외면할 수 없었기 때문입니다.

예수님이 십자가를 선택하신 것처럼, 젊은 본회퍼도 자신의 십자가를 지고 골고다로 향했습니다. 그리스도인이 핍박당하며 희생하는 모습을 보면서 독일과 세계의 미래를 위해 히틀러를 제거해야 한다는 확신을 가졌습니다. 그는 나치 저항세력에 협조하다가 결혼을 앞두고 반역죄로 체포되고 말았습니다.

감옥에 갇힌 그는 연합군이 베를린으로 진격해오고 있다는 소식에 희망을 가졌지만, 종전을 불과 3주 앞두고 교수형에 처해집니다. 그는 마지막으로 이 말을 남깁니다.

이제 끝났다. 하지만 내 삶은 이제부터 시작이다.

삶과 죽음의 갈림길에서, 영광과 파멸의 선택의 기로에서 우리는 무엇을 선택해야 합니까? 기독교는 부활의 기쁨만을 누리는 종교가 아닙니다. 부활의 영광을 나누려면 그 전에 철저히 믿음의 삶을 살아야 한다고 도전합니다.

불안과 염려 속에서, 위기의 시간을 극복하려는 노력이 활발합니다. 나라마다, 각 사회 구성원이 각각의 영역에서 최선을 다하며, 주어진 상황과 맞부딪치며 새 계획, 새 일을 끊임없이 내놓는 것을 보니, 자기 부르심에 충실한 사람에 대한 존경심이 새롭습니다.

저도 부족하지만 하나님이 제게 주신 것을 다 쓰고 가는 인생이 되게 해달라고 날마다 기도합니다.

어느 날, 한 분이 저한테 이렇게 말했습니다. "목사님, 마지막에 다 쓰고 죽겠다고 하시는데, 나중에 가져가시는 거 있어요." "제게는 집도 없는데 뭘 가져갑니까?" 하고 물었더니 '각막'을 가져간답니다. 생각해보니 그렇습니다. 그래서 이것도 기증

하기로 했습니다. 하나님이 밀어놓으시고 이것저것 하라고 하시면 그대로 순종하다가 가려고 합니다.

본회퍼는 감옥의 창살 밖에서 들려오는 세상 소리를 통해 대다수 그리스도인이 따르고 좇았던 신앙이 '싸구려 은혜'에 기초한다는 사실을 깨달았습니다. 또 아무런 희생 없는 신앙, 십자가의 피를 외면한 교회로 인해 수많은 생명이 위험에 빠져들어가는 모습도 보았습니다.

부활을 통해 우리에게 생명의 증거를 나타내신 예수께서 제자들에게 도전하셨듯 오늘 우리에게도 동일하게 도전하십니다. 사람의 일을 앞세우는 제자들, 부활의 주님을 두고, 다시 사람의 길로 돌아갈 수밖에 없는 우리. 십자가라는 거룩한 목표를 향해 가기까지는 아직도 갈 길이 먼 제자들, 또 우리에게 예수님은 그 길을 가르쳐 주십니다.

무리와 제자들을 불러 이르시되 누구든지 나를 따라오려거든
자기를 부인하고 자기 십자가를 지고 나를 따를 것이니라(막
8:34).

자기 부인. 이것이 우리가 가야 할 길입니다. 자기를 부인하
는 길이 생명의 길이요. 생명의 능력을 나타내는 길입니다. 예
수님은 분명하게 이 길을 보이셨습니다. 우리에게 주어진 십자
가의 능력, 부활의 능력을 어떻게 세상과 나눌 것인지를 놓고
깊이 기도할 수 있기를 바랍니다.

북큐레이션 • 삶 속에서 깊은 은혜를 느낄 수 있는 passover의 책

《흔드시는 하나님 세우시는 하나님》과 함께 읽으면 좋은 책. 막막한 현실이 답답하고 힘들 때 하늘에 소망을 두며 살아간다면, 세상을 보는 시선이 달라집니다.

청년 크리스천의 마음을 사로잡은 WELOVE 스토리

WELOVE FOREVER 위러브 포에버

위러브 크리에이티브팀 지음 | 16,000원

15만 팔로워, 유튜브 조회수 3,600만 뷰!
WELOVE, 가장 힙한 크리스천 문화를 선도하다

〈공감하시네〉, 〈시간을 뚫고〉 등 발매하는 곡마다 멜론, 지니뮤직 등 음악 사이트 CCM 장르를 석권해, 요즘 10대, 20대 크리스천들에게 가장 뜨거운 팀, WELOVE 가 책을 출간했다! WELOVE가 가지고 있는 콘텐츠를 더욱 많은 사람들과 나누기 위해 만든 책 《WELOVE FOREVER》는 그동안 많은 사랑을 받았던 WELOVE 의 찬양과 메시지, 공개되지 않은 새로운 메시지 그리고 톡톡 튀는 WELOVE 감성 가득한 팬페이지까지 담았다. 특별히 WELOVE가 주는 감동을 더욱 깊게 느끼고 싶다면 이 책을 소장하길 강력 추천한다!

서울대 물리학 교수가 말하는 우주와 창세기

과학, 창세기의 우주를 만나다

제원호 지음 | 14,000원

갑론을박이 팽팽한 과학과 기독교,
그 사이에서 명쾌하게 해답을 내리다

우리에게 너무나 익숙한 '빅뱅 이론'은 현재까지 우주의 탄생을 설명하는 가장 대중적인 이론이다. 그러나 신학자들은 성경이 말하는 하나님의 창조를 통해 6일 동안 세상이 만들어졌다고 한다. 이 두 집단의 주장 대립은 오랜 시간 동안 지속되어 왔다. 이 책은 기독교인과 과학인 사이에 일어나는 논쟁들 가운데 대표적인 부분을 연구해, 과학적으로 이해할 수 없던 성경의 창조 원리를 논리적으로 설명했다. 오랫동안 과학자로서 신앙을 연구해온 제원호 교수의 논리적인 설명을 차근차근 읽어가다 보면, 상호 보완하는 두 이론을 이해하게 될 것이다.

당신이 새롭게 믿는다면

박광리 지음 | 14,800원

**'사랑 부재' '공감 부재' '참신앙 부재'의 시대
힘들고 지친 그리스도인을 향한 회복과 위로의 메시지!**

'가나안 성도', '선데이 크리스천', '전도 거부 카드'. 한국 교회가 처한 현실을 단적으로 보여주는 현상들이다. 이런 시대 속에서 방향을 상실한 그리스도인과 교회는 무엇을, 어떻게 해야 할까? 개혁신앙의 참모습에 근거한 신선한 목회와 사역으로 '맑은 물'을 공급하며 기독교계에 새로운 힘을 불어넣고 있는 '우리는교회' 박광리 목사는 예배는 형식과 장소에 구애받지 않고 삶 전체로 드리는 것이며, 전도는 그리스도의 증인이 되는 것임을 말한다. 그때 비로소 우리는 '세상 속 참 그리스도인'으로 거듭날 것이다.

느헤미야처럼 경영하라

문형록 지음 | 13,800원

**느헤미야처럼 경영해 성장을 이루어낸
'반석기초이앤씨(주)'의 경영 전략서**

저자는 37세에 하나님을 만나고 창업한 뒤 줄곧 신앙과 경영을 포함한 삶의 전 분야에서 하나님께 순종했다. '고객을 기쁘게, 세상을 이롭게'라는 비전을 품고 해외를 오가며 최신 기술 동향을 빠르게 읽고 국내에 도입했고, '우리'가 함께 살아나는 선순환 고리를 만들고자 애쓴 결과, 창업 10년만에 매출 200억 원대의 탄탄한 기업으로 성장했다. 저자는 경영 원리와 전략을 오로지 하나님 말씀에서 찾았다. 이제 신앙과 비즈니스의 세계는 별개의 것이라고 하지 말자. 참된 목적을 향해 나갈 때 혁신을 이룰 수 있음을 이 책은 구체적인 실례로 설명한다.